Hildegard Khelfa

GEDANKEN ZUR SELBSTFINDUNG

ANREGUNGEN UND GEDICHTE

© 2009 Hildegard Khelfa, 2009, Neuburg an der Donau
Herstellung und Verlag: Books on Demand GmbH, Norderstedt

2. überarbeitete Auflage

ISBN: 978-3-8370-5484-2

For Fortunate, with love.

Inhalt

7

8

GEDANKEN ZUR SELBSTFINDUNG

DAS SPIEL DER KATZE

Als ich gerade begann, mir um Kleinigkeiten Sorgen zu machen und diese zu etwas Großem aufzubauschen, bemerkte ich das ausgelassene Spiel einer Katze, die unten auf der großen Wiese herumtollte und sich des Lebens freute. Sie schlug wilde Kapriolen, bremste bisweilen so ungestüm, dass sie über das taunasse Gras schlitterte, jagte übermütig mal den eigenen Schwanz, mal vorbeischwirrende Insekten und war sich dabei selbst doch völlig genug. Zwischendurch legte sie sich ins Gras, ließ sich von der Morgensonne wärmen, rollte und räkelte sich, um alsbald wieder von neuem mit ihren Spielen zu beginnen.

Ich musste wirklich lachen, als ich ihr heiteres Treiben sah und konnte nicht umhin, in meinem Tun zu verharren, um schmunzelnd die Clownereien zu beobachten, die dort draußen just auf der Wiese stattfanden, auf der ich als Kind selbst unzählige, unbeschwerte Spieltage verbracht hatte. Das Lächeln zauberte in meinem Innern wohlige Wärme und ich fühlte mich ruhiger, fröhlicher und vor allem abgelenkt. Gelassenheit, Spiel, Lebensfreude – genau das war es, um gegen diese unleidige Problemspirale anzugehen, die sich gerade wirbelsturmartig durch Geist und Seele bohren wollte. Wirbelstürme hinterlassen Verwüstung, Schmerz und Verlust, jedoch gewiss keine Lösung aktueller Probleme. Freude, Spiel und Leichtigkeit hingegen schenken uns eine Auszeit vom Nachdenken oder Grübeln - und aus dem Abstand heraus werden manche Wege und Entscheidungen klarer.

In jedem Fall gewinnen wir ein Schmunzeln, ein Lächeln, von innen kommende Wärme und behagliche Zufriedenheit – sofern wir uns diesen schönen Zustand erlauben – und das haben wir selbst in der Hand.

Der Alltag bietet eine Fülle an Lebenslektionen, die Natur lebt uns den Wechsel der Jahreszeiten, das Vergehen und Werden vor, die Gezeiten zeigen uns ein Kommen und Gehen. Wenn wir den Lauf der Dinge annehmen, ohne uns ständig gegen alles zu ereifern, gegen alles aufzubegehren, wenn wir uns dem Strom des Lebens ergeben, ohne dabei unterzugehen oder unsere eigenen Fähigkeiten versanden zu lassen, wenn wir uns erlauben, wie ein heiteres Wasserspiel zu plätschern, wie Kinder das Staunen zu bewahren und den Augenblick zu leben, dann wird es um so vieles leichter, mit den immer neuen Sorgen, die ja nichts weiter als Lebensaufgaben sind, klar zukommen und die jeweiligen Themen anzugehen. Warum denn immer so verbissen?

13

ZEICHEN SETZEN

Einst war ich ein Mädchen voller Zorn und ganz in meiner eigenen Welt gefangen. Es gab für mich nur Schmerz, Wut, tief gefühlte Einsamkeit und Verzweiflung. So sah ich es – damals. Aber es gab noch mehr, es gab Menschen, die mich in meiner selbst gewählten Isolation erreichen konnten, ohne sich dessen vielleicht je bewusst zu sein. So schrieb eine Lehrerin mir ins Krankenhaus einen Brief, und darin fand ich eine wichtige Botschaft. Sie war so grundlegend einfach und wahr, dass sie mich berühren konnte: „Wenn Du willst, dass Dich andere Menschen verstehen, dann musst Du ihnen Zeichen geben, die sie verstehen können. Wenn das nicht auf Anhieb klappt, dann gib nicht auf, versuche neue Zeichen und Signale zu finden, bis ihr eine gemeinsame Sprache sprecht".

Wie viele von uns erleben im Alltag Missverständnisse, ob privat oder im beruflichen Umfeld, reagieren mit

14

Unmut, Wut, Aggressionen oder auch Trauer und Rückzug. Aber haben wir wirklich schon all unsere Signale ausgeschöpft? Haben wir möglicherweise so lange „ja" gesagt, obwohl wir „nein" meinten und vielleicht vollkommen falsche Signale gesendet? Haben wir keine Zeichen gesetzt, weil sie früher schon falsch oder gar nicht verstanden worden waren? Haben wir es je neu versucht? Haben wir es versucht, uns auf die Person einzulassen oder bestrafen wir sie gar – sie und uns wohlgemerkt – aufgrund von anderen schlechten Erfahrungen mit anderen Personen?

Nimm Dir Zeit und betrachte Deine Signale. Waren sie wirklich so klar, wie Du meinst? Kannst Du sie nicht in einfache Worte fassen? Wenn Du verstanden werden willst, musst Du Dich verständlich machen. Gib Dir und Anderen eine Chance!

Eine Hand ist keine Faust

Eine andere Lektion lehrte mich mein Bruder Michael. Zu jener Zeit lief ich wütend auf die ganze Welt durch mein Leben. Ich hätte tausend und abertausend Dinge, Personen, Geschehnisse benennen können, die mir zuwider waren, mich störten, mich einengten, mich verzweifeln ließen und Hass war ein Gefühl, das mich leider sehr oft begleitete. Jeder Tag schien nur eine unerträgliche Folge des vorigen Tages zu sein, ohne eine Perspektive von Glück und Harmonie. Da schenkte mir mein Bruder eine Schallplatte von Udo Jürgens. Ich hörte sie mir an und musste fast beschämt feststellen, dass mir einige der Lieder durchaus gefielen – obwohl ich mich nicht zu den Fans deutscher Schlager gezählt hätte, das schien mir mit dreizehn eher „uncool". Nur ein Lied gab es, auf das ich äußerst wütend und gereizt reagierte: „Eine Hand ist keine Faust", sang der Entertainer da und „auf Gewalt baut man kein Leben, darum öffne Deine Faust, sonst wird' s die bessere Welt nie geben."

Auf die Frage, wie mir die Platte gefiele antwortete ich meinem Bruder ehrlich. Er antwortete nur ruhig: „Aber genau wegen dieses Liedes hatte ich Dir die Platte gekauft".

Es gibt diese Wendepunkte im Leben, große und kleine. Das war einer dieser Momente, an dem man innehält, etwas erkennt. Ich erkannte, tief erschüttert von der Ehrlichkeit und auch Sorge meines Bruders, der mir einen so klaren Hinweis gab, wie sehr er recht hatte. Ich war wirklich herumgelaufen wie eine Faust und was sollte aus ihr in mein Leben kommen, wonach ich mich so sehr sehnte: Liebe, Verständnis, Freundschaft, Glück und Geborgenheit? Was kann aus einer Faust entstehen? Nur neuer Schmerz, neue Aggression, ein Wegstoßen anderer Menschen, die Unfähigkeit etwas neues in die Hand zu nehmen.

Es wäre sicher weise, sich selbst genauer zu beobachten. An welcher Stelle im täglichen Leben schließen wir eine Faust? Wut ist nicht böse oder falsch, aber es ist wichtig hinzusehen, warum und vor allem wann genau wir wütend werden. Was stimmt nicht, was

17

bedarf einer heilsamen Veränderung? Welche Grenzüberschreitungen sind es denn, die uns so wütend werden lassen?

Es wird Zeit, Deine Fäuste zu öffnen und etwas in Deinem Leben zu verändern. Zieh gesunde Grenzen, wo dies nötig ist. Gib Dir und anderen eine Chance. Wo Du Dich vielleicht in Sturheit fest gebissen hast, da vertraue auf den Frieden und wo sich dieser nicht einstellen will: lass los. Aber öffne Deine Faust, damit Du Neues und Positiveres in die Hand nehmen kannst!

Noch heute ertappe ich mich manche Male, wie ich mit geschlossener Hand durch eine Situation gehe. Alleine, mir dessen bewusst zu werden, tief in mich hineinzuatmen, die Faust zu öffnen, mich von der inneren Anspannung zu befreien hilft mir dann, einer Situation mit gänzlich anderer Einstellung oder zumindest jedoch mehr Offenheit gegenüberzutreten.

Eine Hand ist keine Faust. Eine Hand kann halten, bauen, gestalten, streicheln, liebkosen, pflegen, aufnehmen, fangen, eine Hand kann man reichen oder zum Abschied heben, auf liebevolle Weise und damit loslassen.

TALENTE

Als ich klein war, liebte ich das Malen und Zeichnen. Ich ging darin auf, malte hübsche Bilder bis mir in der Schule gezeigt wurde, wie es „richtig ging". Ab da hatte ich den Anspruch, richtige Bilder zu malen, die richtig gut wurden – und für viele, viele Jahre gab ich auf, was mir einst so wichtig war.

Wie oft verläuft es ähnlich im Leben? Wohlmeinende Menschen wollen uns etwas beibringen, so wie wir unseren Kindern etwas vom Leben lehren möchten. Wir wollen anleiten und wir können davon ausgehen, dass die meisten Menschen dies mit uns ebenso im Sinne hatten. Anleiten.

Doch wie oft wird dies fehlgeleitet zu einem Erdrücken, das eine kleine Flamme zum Verlöschen bringt? Ich wollte, in den Schulen würde sorgsamer mit den Kindern umgegangen, würde Ihnen die Freude am Lernen gelehrt, nicht die Angst vor dem Versagen, würde ihnen behutsam Wissen beigebracht unter der Förderung ihrer

19

natürlichen Talente und ohne die „wir wissen es besser" Pauke. Wie oft passiert es uns selbst, dass wir einem Kind gar nicht richtig zuhören, ihm in seinen Interessen gar nicht richtig gerecht werden, weil wir – wohlmeinend – denken, eine bestimmte Laufbahn wäre besser für seinen künftigen Lebensweg? Denken wir zurück. Was hat uns Freude gemacht? In welchen Bereichen hatten wir Talente oder einfach Spaß und was wurde uns durch andere Menschen – ob wohlmeinend oder nicht – verleidet?

Es birgt eine ungeheuer heilende Macht, sich in dieses Kind zurück zu versetzen und spielerisch kreativ einfach etwas zu beginnen, ohne einen Anspruch daran zu haben – außer sich selbst in dem Moment genug zu sein.

Lausche Dir selbst, finde alle „Du kannst das nicht", „Du darfst das nicht", „Es geht aber so" und versuche an Deinen Ursprung zurückzukehren.

Du kannst, Du darfst – genau jetzt und in jedem, Dir wichtigen Augenblick.

Wer sollte Dich wirklich daran hindern können, wenn nicht Du selbst?

Träume und Gaben

Da sind wir also nun in unserem Erwachsenenleben. Jeder an einer anderen Stelle. Blicken wir zurück und betrachten uns: fünf Jahre früher, zehn Jahre früher, noch weiter zurück. Wer waren wir, was waren unsere Träume? Was haben wir aus unseren Gaben gemacht? Haben wir sie genutzt? Leben und arbeiten wir etwas ganz anderes? Nutzen wir die Gaben privat oder haben wir sie versiegen lassen? Keine Zeit, wir hetzen ja unseren Pflichten hinterher – oder? Mir fällt gerade an dieser Stelle diese Passage aus der Bibel ein, in der es um die Talente geht. Ich habe sie früher nie verstanden, aber ich denke, ich verstehe sie jetzt.

Nun fand ich mich eines Morgens wieder, nachdem der zichte Anlauf eines bestimmten Lebensweges gescheitert war, diesmal nicht durch mein Zutun, sondern weil ich schon auf ein sinkendes Schiff aufgesprungen war. Diesmal hatte ich mir keinen mangelnden Einsatz vorzuwerfen, vielmehr bekam ich ein Geschenk: Zeit. In dieser Zeit, die ich bis dahin mit Problemlösungen beschäftigt war, fanden meine Gedanken wieder Ruhe, sich mit mir selbst zu beschäftigen und mir fiel besagte Stelle in der Bibel ein, in der Talente verschenkt wurden und die Beschenkten später Rechenschaft darüber abzugeben hatten. Was haben wir mit unseren Talenten gemacht? Was mache ich mit meinen? Malen, Zeichnen, Schreiben? Ich habe alles in eine Schublade gesteckt oder in Dateien und dort gelassen, weil ich damit beschäftigt war, hinter Aufgaben, Pflichten, selbst geschaffenen und von außen hinzugebrachten Problemen hinterher zu rennen. Was habe ich mit meinen Talenten gemacht?

Ich fand einige Zeit lang Ruhe vor dieser Frage, bis ich der Beerdigung eines ehemaligen Lehrers beiwohnte. Eines seiner Lebensmottos wurde noch ein letztes Mal vorgelesen und es war, die eigenen Talente zu nutzen, das Beste aus dem zu machen, was man als Gaben geschenkt bekommen hatte.

Da war es wieder, eine klare Botschaft für mich – und ich beschloss, meine Gaben und Talente aus Schubladen, Ordnern, Dateien hervor zu holen und sie jetzt zu beginnen, jetzt und heute und an jedem neuen Tag: Die Talente zur Kreativität, die Talente anderer Menschen etwas zu Geben, Zuzuhören, die Talente zu Schreiben, Wissen weiterzugeben und vieles mehr. Es war wie ein Befreiungsschlag, als hätte ich mir nach all den Jahren wieder das Geschenk gemacht, mir selbst und meinen innersten Bedürfnissen zu lauschen.

Nutze Deine Talente – jetzt!

GESUNDE GRENZEN

Es gab eine Zeit, da arbeitete ich in einem kleinen Projektmanagementbüro. Viel Gutes lag für mich in jenen Jahren, vor allem hatte ich die Möglichkeit, mir sehr umfangreiches Wissen anzueignen und mich in zahlreiche Anwendungsprogramme einzuarbeiten. Es war spannend, inmitten eines Forschungsprogramms zu stecken und aktuelle Entwicklungen verfolgen zu können. Zu jener Zeit machte ich zahlreiche Überstunden – und ich machte sie sehr gerne, denn ich liebte meinen Job. Wenn ich abends über die hügelige Landstraße nach Hause fuhr, fühlte ich mich meist müde aber auch sehr zufrieden, freute mich auf einen kuscheligen Abend, auf meine Katzen, auf Ruhe und Entspannung, vielleicht auf ein Bad und mit Sicherheit auf ein gutes Buch.

Kaum war ich jedoch zu Hause angelangt, läutete eine Freundin, die mir zu dem Zeitpunkt unwahrscheinlich nahe stand, an meiner Tür – oder rief mich an und lud

24

ihre Probleme bei mir ab. Sie war auch da für mich und so fand ich das in Ordnung. Blieb meine Sehnsucht nach Ruhe und Erholung, doch als ich eben wieder alleine war, läutete das Telefon und eine Bekannte erzählte mir von ihren Beziehungsproblemen. Kaum aufgelegt, rief mich ein Mann an, der unglücklich in eine Frau verliebt war, mit der ich mich ab und zu zum Ausgehen traf und der mich immer wieder darum bat, hier ein wenig Hilfestellung zu geben und zu vermitteln. Kaum aufgelegt, wusste wiederum irgendjemand, das eigene Elend bei mir auszuschütteln und so verging nicht nur jener Abend, so verging bald jeder Tag. Abend für Abend freute ich mich darauf, mir selbst etwas gutes zu tun, fühlte mich froh und zufrieden, doch Abend für Abend, wenn ich all die Gespräche hinter mir hatte, nur noch leer, düster, melancholisch – oft am Rande der Depression.

Energievampire nennt man solche Menschen – und als ich merkte, dass sich die Abende dieser Art auch nach Wochen fortsetzten, ohne dass jene Bekannte oder Freunde etwas dafür taten, dem eigenen unzufriedenen Leben eine neue Richtung zu geben, machte ich den befreienden Schlussstrich. Ich sagte: nein. Ich sagte:

nicht jetzt. Ich erlaubte mir, nicht da zu sein, nicht ans Telefon zu gehen, ein Gespräch zu beenden oder gar Kontakte abzubrechen.

Ich gewann unwahrscheinlich viel: Zeit für mich und für die echte Freundin, die mich schon seit vielen Jahren begleitet in einem Geben und Nehmen, das einzigartig ist. Zeit dafür, neue Lebenswege zu beschreiten, Zeit für Erfahrungen, Zeit für Bücher, Zeit für Gedichte, Zeit zur Erholung.

Energievampire stehlen uns kostbare Lebenskraft und Lebensfreude, sie können uns mit ihrer Negativität und der Bequemlichkeit, diese bei uns abzuladen, regelrecht krank machen. Wir haben ein Recht auf „nein", auf Selbstschutz und auf Eigenliebe. Sag „nein" zu Menschen dieser Art und sorge für liebevolle und klare Distanz. Du brauchst keine Türen zu zuknallen, bisweilen liegt die Kunst in einer gesunden Balance – aber wer Dein „nein" oder „jetzt nicht" oder „eigentlich wünsche ich mir jetzt nur Entspannung", etc. nicht respektiert, darf sich ruhig eine – bildlich gesprochene – blaue Nase holen (Du weißt ja, eine Hand ist keine Faust, also schlag bitte nicht wirklich zu).

Schenke Dir Zeit, Ruhe und Entspannung. Gib dieses Geschenk auch an andere weiter. Es ist so eine trickreiche Geschichte mit dem befriedigenden Gefühl, gebraucht zu werden, wichtig zu sein, helfen zu können und zu wollen, aber man bewegt sich sehr schnell am Rande ungesunder Beziehungsstrukturen. Hinter allem liegt die Suche nach einem gesunden Maß. Fühle genau hin und schenke Dir die Freiräume, die Du brauchst. Schenke Dir das Nein, schenke Dir Privatsphäre und erlaube Dir das Recht auf Glück und klare, gesunde Grenzen.

RESPEKT UND TOLERANZ

Menschen bewegen mich. Wenn ich einen Zug vorbeifahren sehe, denke ich mir, wohin die Menschen gerade reisen. Fahren sie weg von jemandem oder etwas oder hin zu einem Menschen, zu vielen Menschen, zu einem Zuhause? Wir sind oft so mit uns selbst beschäftigt oder lassen uns blenden von Schein oder Masken, dass wir bisweilen vergessen, dass sich hinter jedem einzelnen Gesicht viele Geschichten und Erlebnisse verbergen. Wer weiß, wie viele Kämpfe, wieviel Traurigkeit oder welche Träume, welche besonders schönen Erlebnisse.

Wenn wir merken, wie wir einer Person gegenüber unwillig oder ungeduldig reagieren, könnten wir versuchen, darüber nachzudenken, dass wir hier einen Menschen vor uns sehen, der irgendwann einmal ein unbedarftes Kind war mit Träumen, Vorstellungen dieser

Welt, die dann im Laufe des Lebens ge- und verformt und geprägt wurden.

Vielleicht können wir gelassener oder freundlicher reagieren, wenn wir an jenes Kind denken. Was hat es erlebt, was wurde aus ihm herausgebrochen, um diese Nervensäge zu werden, die jetzt vor uns steht? Nicht immer ist es möglich, Toleranz zu üben, so löblich es auch ist. Nicht immer mag es uns möglich sein, mit Geduld und Verständnis zu reagieren und viele Menschen entziehen sich unseren Versuchen, weil sie gar nicht auf einer guten Lösung eines Konfliktes bedacht sind. Das haben wir nicht in der Hand, aber wir können zumindest versuchen, das Kind, die Seele, die Persönlichkeit des Menschen anerkennend und respektvoll zu erreichen. Wer weiß, ob dadurch nicht eine Brücke geschaffen wird, die ein gemeinsames Begehen ermöglicht. Ein Versuch ist es allemal wert.

ABSCHIEDE

Sie suchte Anonymität und Liebe. Sie suchte mich, weil sie mit jemandem reden wollte, der sie nicht kannte, weder ihren richtigen Namen, noch ihren Wohnort. Ihre Warmherzigkeit, ihre Intelligenz und ihr Humor faszinierten mich vom ersten Augenblick an ebenso, wie mich ihre tragische Geschichte berührte. Sie nannte sich Anke. Anke hatte einen Hirntumor – ohne Chance auf Heilung und rettende Operationen. Sie würde ihren Geist verlieren, ihr Gesicht, ihr Ich, so erzählte sie mir. Die andauernden Schmerzen und immer häufigere Ausfälle bereiteten ihr großen Kummer. Sie wollte reden – über alles, über jede ihrer Lebensphasen, besonders über das tragische Gefühl, nie wirklich geliebt worden zu sein. Sie hatte Angst vor dem Tod und die Zeit danach und sog dankbar meine Überzeugung auf, dass es keinen strafenden Gott gibt, der hier Vergeltung üben würde, sondern dass ich eher an eine alles umfassende große Seele glaube, ganz egal, welchen Namen wir dieser

Gottheit geben mögen. Anke wurde getröstet von der Vorstellung, eine Art sicheren Hafen anzulaufen und dort endlich die Liebe zu erfahren, die ihr im reellen Leben versagt geblieben war. Es wurde eine kurze Zeit intensivsten schriftlichen Austausches, wir wurden Freundinnen – ohne einander je begegnet zu sein. Anke und ich teilten bewegende Chats und innigen Briefwechsel. Besonders freute mich, als sie mir schrieb, dass sie sich zum ersten Mal anerkannt und geliebt fühlte durch das, was sie von mir erhielt: Aufmerksamkeit, ehrliche Freundschaft und Liebe. Dann wurde es still und wenig später hielt ich ihren Abschiedsbrief in der Hand – versandt von Dignitas. Ein so besonderer Mensch war tot, hatte sein Leben geordnet, so lange es noch möglich war und nun Familie und Freunden einen letzten Gruß gesandt. Sie hatte ihr Leben, ihre Krankheit, ihren Schmerz losgelassen – und loslassen musste ich nun auch sie.

Wenn sich ein Mensch zu einem Abschied entscheidet, eine Beziehung endet, darf man ihm die eigene Liebe, Dankbarkeit für das Gemeinsame und gute Worte auf den Weg geben. Doch um der eigenen Seelenruhe und Heilung willen ist es nötig, den Menschen loszulassen,

31

sich wieder dem eigenen Leben und den eigenen Aufgaben zu widmen. Das ist schmerzvoll und braucht sicher Zeit.

Egal, ob eine Partnerschaft endet, eine Freundschaft oder ein Mensch dieses Leben verlässt. Etwas wird bleiben, aber wenn man das geteilte Besondere ehren möchte, ist es wichtig, dass das Bleibende mehr als nur Schmerz und Kummer ist.

Ich kann heute an diese ganz besondere Frau denken – voller Liebe und Wärme. Das einzige Bedauern liegt darin, ihr nicht früher begegnet zu sein. Aber über allem liegt die Dankbarkeit für diese kurze, intensive gemeinsame Zeit, für gegenseitige Wärme, Liebe und Freundschaft. Jedes Jahr im Oktober kommt ein Tag, an den ich ihr seitdem eine Kerze anzünde – in Gedenken an das Kleinod einer kurzen, gemeinsamen innigen Zeit.

Ich stelle mir dann vor, wie ihre Asche unter jenem Baum begraben ist, den sie sich als letzte Ruhestätte ausgesucht hatte. Ich stelle mir vor, wie der Wind über ihr Grab weht, wie die Vögel im Frühling singen und wie sehr ihr das gefallen würde. Ich stelle mir vor, wie ich bei ihr stehe mit einem Lächeln, bevor ich ihr einen letzten Abschiedsgruß entbiete.

Loslassen

Eigentlich wollte ich nur endlich mal wieder ein gemeinsames Frühstück mit ihm, doch am gleichen Abend eröffnete er mir, dass er keine Liebe mehr für mich empfand. Er rang um Worte und konnte seine Hilflosigkeit der Situation gegenüber nur in einer Mail an mich Ausdruck verleihen. Er war nicht irgendjemand. Vor mir saß mein Ehemann, mit dem mich eine tiefe Liebe verbunden hatte. So viele Hürden hatten wir gemeinsam genommen, bis das Leben und die Umstände, sicher auch persönliche Entwicklungen einen Keil zwischen uns gegraben hatten. Erst unmerklich, erst in einigen Details, dann ganz offensichtlich in schwerwiegenderen Dingen. Überspielt, in sich hineingegessen, nicht kommuniziert, verdrängt, wie auch immer. Nach Monaten beidseitiger Einsamkeit war das Wort gefallen – Ende.

Es war mit Sicherheit zunächst ein Schock, vor allem diese kampflose Aufgabe all der Jahre. Aber mein Mann hatte zu dem Zeitpunkt keine Kraft mehr, um uns zu kämpfen, da er beruflich völlig ausgebrannt war. Als er mir die Worte sagte, dachte ich daran, wie häufig ich es schon in meinem Leben praktiziert habe: das Loslassen. Dadurch werden die Dinge in den aktuellen Situationen zunächst nicht leichter, langfristig aber schon, denn man weiß ja bereits, durch welche Zeit man schreiten muss, dass die Schritte schwer werden und schmerzhaft, dass es aber auch die Zeit danach geben wird. Ich wollte das „uns" mit Würde loslassen. Mein Geschenk an ihn war, ihn ohne Streit und Tränen gehen zu lassen und so bat ihn nach zwei Wochen, eine eigene Wohnung zu finden. Ich nahm mir noch am Abend unseres Gespräches vor, nicht wie die leibhaftige Opferrolle durch die Tage zu gehen, sondern würdevoll, mich bewusst hübsch zu machen, mir den Frühling nicht verderben zu lassen und meine Tage und Nächte auszufüllen mit Tätigkeiten, Selbstpflege aber auch Kontakten, die mir über diese Zeit helfen würden. Am nächsten Tag ging ich zum Friseur und ich begann, diese Zeit mit Fotos zu kommentieren, mit Blogs, mit Tagebucheinträgen. Noch mehr als vorher konzentrierte ich mich auf mein in diesem Jahr begonnenes „Projekt ICH" und ich kann heute mit Stolz sagen, dass ich sehr gut mit der

Trennung klargekommen bin, dass es mir tatsächlich gelungen war, meinen Frühling zu genießen. Noch viel mehr als das, denn als wir einander auch räumlich losließen, bemerkte ich, wieviel besser ich mich fühlte, wieviel freier, wie sich eine tiefe Ruhe und Erleichterung einstellte. Das bedeutet ja in keinem Falle, dass vorher alles so furchtbar war, aber es zeigte mir, wieviel persönliche Kraft ich in diese Beziehung hineingesteckt hatte und wie diese Kraft nun mir und meinem Kind zur Verfügung stand. Im Loslassen barg sich die große Chance, mein Leben neu zu sortieren. Ich fand eine verträumte Sommerliebe, die mir zwar später zerstört wurde, die mir jedoch mein Lächeln zurück geschenkt hatte. Noch einmal war ich also gezwungen, einen Menschen loszulassen und das tat wirklich weh – denn die Umstände waren leider nicht so, dass ein abschließendes, gutes Wort gefunden werden konnte. Das kam letztendlich von mir in einem Abschiedsbrief, der gelesen wurde. Ich habe es nicht in der Hand, was ein andere Mensch mit diesen Dingen macht, aber ich wusste, dass was mir wichtig war, was ich zu sagen hatte, war gehört worden – und damit konnte ich loslassen. Als ich am allerwenigsten daran dachte, fand im Herbst eine ganz neue, besonders tiefe Liebe, die mich so tief erfüllt und berührt und die den Hauch einer gemeinsamen Zukunft trägt – doch weiß man ja nicht, was morgen ist. In jedem Fall barg das Loslassen so schöne neue Möglichkeiten, die andernfalls nie in mein Leben getreten wäre. Mein Leben ist intensiv und in jeder Hinsicht besser, als es die letzten Jahre war, selbst wenn es noch immer so viele Bereiche gibt, an denen ich zu arbeiten habe. Aber das ist ja das Leben. Loslassen ist mit Sicherheit eine schwere Aufgabe, die in der Regel in vielen Stufen verlauft. Selbst wenn ich die Trennung und den Verlust meiner Ehe zulassen und meinen Mann loslassen konnte, so brauchte ich doch bis zum Sommer, um meine Bitterkeit und Wut zu verarbeiten, den Urschmerz loszulassen, der mit diesem Scheitern einhergegangen war. Denn tief nagte in mir der Schmerz, dass mein Mann einfach so aufgegeben, mich – so empfand ich es ja - einfach so fallen gelassen hatte. Wir durchlebten noch einige aufreibende Diskussionen, leider manche sehr unschöne Momente, scheiterten in dem Versuch, eine Form der Freundschaft zu finden, aber wir haben es zumindest versucht. Am Ende mussten wir auch diese Versuche loslassen, ich ließ sie los, weil sie mich zu sehr aufrieben und in meiner persönlichen Weiterentwicklung behinderten. Aber ich bin dankbar für die geführten Gespräche, die darunter waren, denn sie halfen mir, manches zu verstehen und einmal mehr loszulassen.

Loslassen ist eine bedeutende Aufgabe. An jedem Tag können wir mit ihr konfrontiert werden: wenn eine Freundin beschließt, in die Ferne zu ziehen, wenn ein geliebter Mensch den langen Heimweg antreten muss, wenn sich ein Traum gerade nicht verwirklichen lässt oder gescheitert ist, wenn sich zu viel Ballast angesammelt hat, wenn Menschen sich freistrampeln und man zurückgelassen wird, wenn man selbst beschließt, neue Wege zu gehen und altes zurückzulassen, wenn sich Freunde oder Bekannte abwenden und wenn eine Lebensphase in die andere hinübergleitet.

Hab keine Angst für diesen Bewegungen in Deinem Leben, denn auch wenn Loslassen sehr schmerzhaft sein kann, am Ende gewinnst Du etwas. Darin liegt nicht nur eine große Chance, sondern auch ein Versprechen.

DEN AUGENBLICK GENIESSEN

Das Laub der Herbstblätter strahlt im Sonnenschein. Ein lauwarmer Wind gleitet über die Stoppelfelder und Futterwiesen. An seidenen Fädchen gleiten Spinnenkinder durch die Luft. Die Herbstsonne wärmt meinen Körper. Mein kleiner Sohn klettert über Erdhügel und spielt mit seinem Bagger, mein Hund fängt Steine, vergräbt sie und buddelt andere aus. Ich sitze hier auf einer Decke und mache, was ich liebe: in der Natur sein und schreiben, meditieren, einfach den Augenblick genießen.

Wie oft sagen wir: ich muss jetzt dieses und jenes, muss erst noch das und das erledigen. Wir hetzen durch unseren Tag, ohne den Dingen Raum zu geben, die wir verwirklichen könnten oder nach deren Verwirklichung wir uns sehnen. Irgendwann fehlt uns die Energie und Ruhe für einfachste Entspannung.

Du alleine entscheidest jedoch, wie wertvoll Du einen Augenblick gestalten kannst. Du kannst einen Gang als Pflicht ansehen oder Dir die ganze Umgebung, den Augenblick bewusst machen, die Luft atmen, die Würze des Herbstes, die Blumigkeit des Sommers, die Frische des Frühlings oder die klirrende Klarheit des Winters. Du kannst Deinem Kind beim Spielen zusehen und an Deinen Haushalt denken oder die Zeit mit Atemübungen und Meditationen zu Deiner ganz persönlichen Zeit machen, kannst bewusst genießen, dass es ein Geschenk ist, diese gemeinsamen Augenblicke erleben zu dürfen. Du kannst sehr viel unter einen Hut bringen und doch allem und Dir selbst gerecht werden. Perfektion bedarf es dazu nicht, nur das Erkennen des Augenblicks, seines Wertes und seiner einzigartigen Schönheit.

SELBSTWERTSCHÄTZUNG

„Ich gerate immer wieder an den Falschen." „Alle Menschen sind so oberflächlich." „Die anderen lachen doch sowieso nur über mich." Solche oder ähnliche Sätze hörte ich recht häufig in meinen Beratungen. Die Anderen sind es – und damit kann ich sämtliche Unzulänglichkeiten ganz einfach von mir und meiner Eigenverantwortung hinweg schieben, denn es liegt ja nicht an mir, oder?

Könnte es hier um so wesentliche Dinge gehen, wie respektvolles Miteinander, Werte, Freundschaft, Beziehungen? Haben wir nicht ein Recht darauf, einen respektvollen Umgang zu erwarten?

Wie sieht es denn aus mit Deiner Selbstwertschätzung und dem Respekt, den Du Dir selbst entgegenbringst? Wie oft höre ich solche Sprüche gerade von Menschen, die sich selbst die größten Feinde sind, die keine Gelegenheit auslassen, sich selbst klein zu machen: „Ich bin zu dumm, ich bin zu dick, ich bin zu hässlich, ich bin

zu ungeschickt", kurzum: „ich bin nicht liebenswert".
Aber wie soll denn jemand anderes Dich mit Respekt
behandeln können, wenn nicht mal Du selbst das
vermagst? Du kannst doch schwerlich von einem
anderen Menschen genau das erwarten, was Dir nicht
einmal selbst gelingt!

Hier ist Basisarbeit gefragt und sicher mehr, als mal
eben so in wenigen Buchseiten wiedergegeben werden
kann. Fragen wie: Warum mache ich mich klein? Woher
kommt das? Ist das eines der Generationenmuster, die
mir vorgelebt wurden? Welchem Bild, welcher
Sehnsucht laufe ich nach? Was wurde mir vermittelt?
Wie kann ich das durchbrechen? Was kann ich jetzt
machen, damit es mir besser geht? Was kann ich in
meinem Alltag an Verhaltensweisen beginnen, um mich
selbst liebevoller zu behandeln?
Lass Dir Zeit, Dir diese Fragen zu stellen, diese Fragen
und ihre Antworten zu ergründen. Tagebuch schreiben
kann eine wundervolle Möglichkeit sein, hier Antworten
zu erhalten, sich hier mit sich selbst auseinander zu
setzen und auch Aha-Erlebnisse und Gedanken
festzuhalten. Eines ist sicher: solange Du diese

41

Opferlammhaltung ausstrahlst, die anderen keine gesunde Grenzen setzen kann, wirst Du immer und immer wieder auf Menschen treffen, die das missbrauchen und Dich mitunter sogar ganz gezielt manipulieren. Die Menschen, die wir treffen, sind immer auch ein Spiegel unserer Lebensthemen.

Was wirst Du also tun, um Dich von nun an selbst besser zu behandeln? Fange damit an, wenn Du glücklichere und gesündere Beziehungen, Kontakte, Freundschaften erleben willst. Die Arbeit liegt bei Dir, die Verantwortung auch. Beginne Dein eigenes „Projekt ICH".

GEH DEINEN WEG

Das kannst Du nicht, weil...

Weil Du eine Frau bist, weil Du ein Mann bist, weil Du zu jung bist, weil Du zu klein bist, weil Du zu alt bist, weil Du zu dick bist, weil Du zu...

Wer sagt das eigentlich? Wer ist denn diese selbsternannte Autorität, die sich das Recht anmaßt, Dein Leben, Dein Können, Deine Träume beschneiden zu wollen?

Es kann durchaus gut gemeinte Beweggründe geben, Eltern – davon kann man in der Regel ausgehen – wollen für einen das Beste, aber Eltern sind schließlich auch nur Menschen. Oft sind es nahe stehende Menschen, Bekannte, Freunde, Verwandte, Lebenspartner, die selbst in ihren festgefahrenen Lebensformen erstarren und Dich lieber klein halten und sich selbst dabei empor gehoben fühlen, als aus der Schublade heraus zu beobachten, wie Du Dir eine Leiter

43

nimmst und über den Rand hinaus kletterst zu neuen Erfahrungen. Dabei geschieht dieses Kleinhaltenwollen oft gar nicht mal aus böser Absicht. Es kann selbst aus Überforderung heraus resultieren oder mehr oder weniger unbewusst geschehen. Kann...

Keine Sorge, wenn Du auf dem Bauch landest, wirst Du gewiss Kommentare hören, die Dir erklären, dies bereits gewusst zu haben, die Dich wieder in die alte Schublade zurückführen wollen. Aber wenn Du Erfolg hast, wirst Du kaum erleben, dass aus der Schublade jemand „hurra" ruft und Dich beglückwünscht. Es wird eher neidische Kommentare geben, man wird Dir übel nehmen, dass Du Dein Leben in die Hand nimmst.

Manche Menschen begleiten Dich nur für einen gewissen Abschnitt, sobald Du Schritte weitergehst, hinterlässt Du einen Scherbenhaufen, mal mehr oder weniger zertrümmert. Oft wirst Du erleben, dass alte Kontakte nicht mehr passen, dass es weniger Gemeinsames gibt, weniger, was man teilen kann oder möchte. Das ist schmerzlich, aber oft erhältst Du auch das Geschenk neuer Beziehungen und Kontakte. Wunderschön ist es natürlich, Freundschaften zu überleben, die all diese Lebensversuche überdauern.

Von echten Freunden kommt jedoch Loyalität und Zurseitestehen, kein Kleinhalten. Es kommen durchaus klare Worte und eigene Meinungen, aber echte Freunde stehen auch in Deinen Versuchen, den Schubladenrand zu überklettern hinter oder neben Dir.

Geh Deinen Weg auf Deine Weise und lass Dich nicht beirren von „Du bist zu...". Du entscheidest selbst, was Du bist, wer Du bist und wie Du bist.

DER SCHMETTERLING

Kalter Herbstregen prasselte auf meinen warmen Poncho. Meine Schritte waren langsam. Fiebernd hatte ich mich aufgerafft, um meinen Hund nach draußen zu führen. Mühsam ging ich meines Wegs und dachte doch bei aller Schwere meines Körpers, wie schön es ist, dass das bunte Herbstlaub uns in diesem Jahr bis weit in den November hinein geschenkt worden war. Die letzten Blätter zauberten einem trotzigen Aufbäumen gleich noch gelbbraunes Leuchten an die Zweige oder als zusammengerächte Farbpunkte auf den Wiesen.

Als ich mir gerade ein paar Tropfen von den Wangen wischen wollte, landete auf meiner Hand ein Schmetterling. Mit letzter Kraft – so schien es. Denn nun kippte er in meiner Hand und blieb dort liegen, wie ein zitterndes Häufchen Leben. Ich nahm ihn mit in meine Wohnung, sorgsam geborgen von gewölbten Fingern. Die Wärme belebte ihn und alsbald breitete er seine Flügel aus. Ich gab einen Tropfen Honigwasser in meine

Hand. Der Schmetterling begann, seinen Rüssel hineinzutauchen. Immer wieder. Eine gute halbe Stunde saß ich da – berührt von diesem einfachen Augenblick. Diese Dinge machen mich einfach glücklich. Als ich mir überlegte, wo der Schmetterling sein Winterquartier finden konnte, fing er an, durch den Raum zu flattern. Er drängte nach draußen. Wenn es Zeit ist, sollte man die Dinge loslassen können und wer bin ich, einem Lebewesen die Freiheit zu nehmen? So ließ ich ihn ziehen und er flog unter meine Pflanzen, geborgen, beschützt von Regen und Wind, aber dennoch nach draußen – jederzeit frei. Ich dachte mir, wie sehr unser Leben doch dem gleicht, was wir in einem Schmetterling und seiner Entwicklung finden können. Oft kriechen wir am Boden entlang wie Raupen auf der Erde. Sehr eingeschränkt in unserer Perspektive, denken wir doch, wir wüssten das Leben zu leben. Oder wir verharren auf dem Boden, weil wir zu ängstlich sind, Situationen zu verlassen, die uns doch so sehr beschränken. Doch dann kommt der richtige Zeitpunkt und wir spüren die Verwandlung, vielleicht brauchen wir noch einmal Zeit, unsere neuen Wege zu erfühlen, uns zu entwickeln, zu wachsen. Aber der Tag wird kommen, da breiten wir unsere Flügel aus – bereit, das Leben in all seiner bunten Farbenpracht zu genießen. Kann gut sein, ist sogar sehr wahrscheinlich, dass uns Regen und Sturm, Kälte und Frost bisweilen ganz schön zusetzen, uns abstürzen oder trudeln lassen. Doch können wir darauf vertrauen, dass wir immer wieder auf Hände treffen, die uns ein wenig Nähe und Geborgenheit, Schutz und Fürsorge geben … und wenn es unsere eigenen Hände sind! Oder auch der Glaube, den wir im Herzen tragen.

.

Eltern

Es gibt Zeiten im Leben, da könnte man schimpfen und toben, zanken und trotzen und findet gewiss tausend Dinge, die man ihnen vorhalten kann – oder könnte. Menschen werden immer Fehler machen, Eltern sowieso und Kinder, die Eltern werden, mit Sicherheit wieder. Ich selbst damit – zu meinem Leidwesen – leider auch.

Viel schwerer noch als das, was man nun doch zu meckern findet, wiegen doch diese anderen, diese wunderschönen und wertvollen Erinnerungen.

So möchte ich hier meinem Vater in tiefer Liebe für alles danken, was er mich gelehrt hat, besonders für die Wanderungen, Kompasstouren, das Zelten mit Lagerfeuer, Bootstouren, die Holzhütten im Wald, das Pilze suchen, die abendlichen Runden um den Block, das Rücken kraulen, während er die Sportsendung oder Nachrichten verfolgte und für viele Abenteuer, die die

Kindheit zu etwas Besonderem machten, für seine Bemühungen um mein Kind und dafür, dass ich mich immer auf ihn verlassen konnte.

Ich danke meiner Mutter in tiefer Liebe für immer reichlich gutes Essen, selbst gemachte Marmelade, bunte gestrickte Socken, Handschuhe und Schals, das Nicht-schimpfen bei schlechten Noten, dem Hüten meines Kindes, dem Teilen aller Sachen, die sie eigentlich für sich selbst gekauft hatte, dem gemeinsamen Warten auf den ersten Vogel im Vogelhaus, die Minibrote, die Pixibücher, die Überraschungen beim Krank sein, den Fingerhut für Miniplätzchen und das Bemühen, an neuen Situationen zu wachsen und letztendlich auch meine Mutterrolle und meine Weise diese zu leben zu respektieren.

Das Wesen hinter allem ist das Bemühen um Zusammenhalt, Verständnis, Leben und Leben lassen, Versöhnung und Liebe.

KASTANIEN

Der Herbstnebel senkte sich über die Wipfel der Bäume, bedeckte die Landschaft mit silberweißen Schlieren, die einer zärtlichen Liebkosung glich. Die Morgenluft war klar, meinen Sohn hatte ich bereits in die Schule begleitet. Nun konnte ich in Ruhe meine Gedanken streifen lassen, während mein Labrador zufrieden über die Wiesen trottete. Das bunte Herbstlaub schenkte der Nebellandschaft bezaubernde Farbnuancen und als es der frühen Sonne gelang, sich ein wenig Bahn zu brechen, erstrahlte die Kastanie vor mir in dem herrlichsten Gold.

Als ich näher trat, bemerkte ich jedoch auf dem Boden abgebrochene Äste, Steinbrocken, Stöcke – all das in den gewaltvollen Versuchen, die letzten Kastanien vor ihrer Zeit von dem prächtigen Baum zu holen.

Vielleicht vierzehn Tage später lagen Kastanien über Kastanien unbeachtet unter dem Baum, regennass, ungewollt. Ich dachte bei mir, wie typisch das für uns

Menschen ist. Noch bevor die Dinge reifen können, bevor der richtige Zeitpunkt herangekommen ist, wollen wir so häufig gewisse Wendungen erzwingen, wollen Situationen manipulieren – oft unbewusst. Dabei gehen wir oft so grob oder nachlässig – vielleicht sogar gewalttätig vor. Alles erinnerte mich an das Bemühen eines Liebhabers, der einer Frau mit Eifer nachstellt, sie vielleicht sogar in die Enge treibt, sie mit schönen Worten und Versprechungen einlullt – und wenn sie sich dann endlich öffnet, vertraut, ihre Früchte preisgibt, dann erkennt sie mit einem Mal, wie die Bemühungen ins Leere laufen. Wie alles so selbstverständlich hingenommen oder am Ende sogar vernachlässigt und fallen gelassen wird.

Als ich ein paar Tage später die Kastanien noch immer am Boden liegen sah, machte mich das ein wenig melancholisch, denn meine Stimmung jener Tage war ohnehin recht wechselhaft. Es galt Abschiede zu bewältigen und meinen eigenen Weg wieder ganz neu zu finden, meinen Platz in meinem Leben neu einzunehmen. Insofern war die Melancholie eine häufige Begleiterin. Mich stimmte es traurig, wie diesem prächtigen Baum Jahr für Jahr Gewalt angetan wurde, wo er seine Früchte doch bereitwillig spenden wollte, ja – seiner Natur folgend - gar nicht anderes konnte, als dies zu tun. Doch Melancholie hin oder her, in der Weisheit der Natur liegt gleichzeitig auch immer eine Antwort, ein Trost. Mögen die Kastanien nun auch achtlos am Boden liegen, sie verrotten nicht sinnlos, genauso wenig wie die mutwillig abgeschlagenen Blätter. Neues Leben wird daraus entstehen – und so bekommen auch wir Menschen immer wieder die Chance zu einem Neubeginn. Die Chance, aus den Trümmern diverser Lebenssituationen das Beste für ein neues Lebensland zu ziehen, auszusortieren, was verrotten darf, was in der Vergangenheit bleiben soll und neu einzupflanzen, zu welchen Erfahrungen man jetzt bereit sein möchte.

Das Leben gleicht dem ständigen Auf und Ab der Jahreszeiten. Manchmal ist es einfacher, dem natürlichen Fluss zu folgen und die Dinge, die Abschiede, die Trauer, den Schmerz einfach anzunehmen, dann aber bewusst weiterzugehen und sich einen neuen Frühling zu erlauben.

DIE TASCHEN DER ALTEN DAMEN

Sonntags sitze ich sehr gerne zu einem zweiten Frühstück in einem kleinen Kaffee. Es ist weder schön, noch besonders behaglich, da es eigentlich zu einem Einkaufszentrum gehört. Jedoch arbeitet sonntags eine Freundin dort – und das schafft diese gewisse familiäre Behaglichkeit, die für mich einen Ort so liebenswert erscheinen lässt.

Während die Kinder draußen spielten und ich meinen heißen Kaffee genoss, fingen die beiden alten Damen am Nachbartisch damit an, mich in ihr Gespräch einzubeziehen. Normalerweise bin ich sehr gerne für mich alleine, liebe es, den eigenen Gedanken zu folgen, aber ab und an mag ich solche spontanen Plaudereien. An jenem Morgen war es auch so und so erfuhr ich alsbald von dem Ärger der einen Dame über einen besonders frechen Jungen, über ihre Hoffnung, noch ein paar Jahre zu leben, weil sie jetzt endlich ein wenig Zeit habe, ihr Leben auch zu genießen. Ich erfuhr von ihren

Träumen und den Dingen, über die sie lachen konnte. Schließlich baten mich beide Frauen, auf ihre Taschen zu achten, während sie draußen eine Zigarette rauchen wollten. So standen sie auf und verließen das Café. Mich beschlich ein merkwürdiges Gefühl, als sie auch nach einer guten Viertelstunde noch nicht zurückgekommen waren. Die Situation bekam etwas unwirkliches – und es sah so seltsam aus, die beiden Taschen auf der kleinen Eckbank des Cafés ... ganz verlassen. Die eine Tasche schon älter und an den Kanten abgenutzt, die Henkel abgegriffen und der Stoff schon stumpf und abgerieben, die andere Tasche flott, modern und elegant, wie ein jüngst gekauftes Lieblingsstück oder ein Geschenk zum Muttertag. Da lagen sie nun, die beiden „verlassenen" Taschen, beide sehr gefüllt und ich dachte mir: was ist es denn, was wir zurücklassen, wenn wir gehen? Was sind unsere Taschen des Lebens? Wie füllen wir die Erinnerungen anderer Menschen aus? Was ist das, was uns wirklich wichtig erscheint und im Herzen anderer Menschen verbleiben kann? Welchen Ballast schleppen wir mit uns herum – bis zum Ende? Wovon können oder wollen wir uns trennen?

Ich nahm mir vor, einmal mehr in meinem Leben auszusortieren, mich endlich diesen unsäglichen Papierstapeln zu widmen, endlich zu sortieren, zu räumen und eine seelische Grundreinigung zu unternehmen, um einmal mehr ein paar Schritte in meinem Leben weiterzugehen.

Noch immer habe ich mir die Frage nicht beantworten können, was ich wirklich hinterlassen möchte. Vielleicht liegt es daran, dass ich noch lange Jahre nicht bereit bin zu gehen. Aber eines weiß ich gewiss: ich möchte ein Lächeln hinterlassen, Erinnerungen, die anderen Freude machen, die Dankbarkeit, in meinem Leben eine Rolle gespielt zu haben. Das wäre mir wichtig.

MANIPULATIONEN

Bisweilen ist es erschütternd, was Menschen einander antun, getarnt unter dem Deckmantel vermeintlicher Liebe. Man wird mit einem Mal für das Glück oder Unglück eines anderen Menschen zur Verantwortung gezogen, ein Partner nimmt die Rolle eines Kindes ein und entzieht sich der Eigenverantwortung für sein Leben. Wenn man die Rollenmuster von Abhängigkeiten und Coabhängigkeiten betrachtet, kann man diese ungesunden Verstrickungen aus Manipulationen, Kontrollzwängen, Beziehungssuchtverhalten und Helfersyndromen so wundervoll analysieren. Nur hilft das dem Laien im Alltag vielleicht erstmal gar nicht weiter. Wir empfinden Sucht ja zunächst eher nicht im eigenen Leben. Suchtverhalten ist für uns irgendetwas, das andere tun, Drogen, Alkoholismus, Medikamentenmissbrauch vielleicht. Da fühlen wir uns mitunter überheblich darüberstehend. Wir doch nicht... Aber Beziehungssuchtverhalten, Esssucht, Nikotinsucht,

Arbeitssucht, Genusssucht, … schon ein paar Treffer mehr? Das sind natürlich Themen, die ich hier nur ankitzeln kann. Worauf ich jedoch hinaus will ist, wie sehr wir im Beziehungsalltag in Rollenmuster verfallen, in denen wir einer anderen Person die Macht geben über unser Lebensglück, anstatt uns hinzustellen und zu sagen: das will ich so leben, wo kannst Du mir folgen? Wo können wir einander begegnen, wo können wir uns treffen, damit es uns beiden gut damit geht? Anstatt hinzufühlen, wo uns die Luft zum Atmen genommen wird, anstatt hinzufühlen, warum wir meinen, einen anderen Menschen in Rollen hineinpressen zu wollen, die uns gelegen kommen. Welche Anmaßung, jemanden verändern zu wollen. Gut gemeinte Gewalttätigkeit gegen das freie Entfaltungsrecht einer Persönlichkeit. Dann gibt es jene Menschen, die einen nicht loslassen können oder wollen, die erst mit Beleidigungen noch den letzten Funken Freundschaft zerstören müssen, oder sogar selbst-zerstörerisch zu einem letzten großen Schlag gegen das eigene Leben ausholen: den Suizidversuch, um den anderen Menschen zum Bleiben zu zwingen. Das soll dann Liebe sein, dieser Gewaltakt. Mit Liebe hat das gar nichts zu tun: es ist grausame

Brutalität und Vergewaltigung der Seele eines anderen Menschen. Ich meine das nicht wertend, das steht mir nicht zu, aber emotionale Erpressungen, Bestrafen durch Liebesentzug und all die ungesunden Mechanismen, die oft schon als seelische Gewalttat gegen Kinder eingesetzt werden, das sind Verhaltensmuster, die man endlich einmal in die Welt hinausschreien sollte, als das, was sie sind: Manipulationen und Gewalttaten.

Kein Mensch hat das Recht, einen anderen zu manipulieren. Kein Mensch ist für einen anderen erwachsenen Menschen verantwortlich. Es gibt ein sehr wahres Sprichwort dafür: Jeder ist seines Glückes Schmied.

Mach Dich frei von diesen unsäglichen Verkettungen und löse auch die Fesseln, die Du einem anderen Menschen aufbürdest. Es kann die Chance zu ganz neuen, tiefen, bereichernden Beziehungsformen sein. In jedem Fall ist es ein großes Geschenk, einem Menschen die Eigenverantwortung für das Leben zurückzugeben. Es gibt dazu eine Geschichte, die ich gerne erzählen will:

Jahre nach der Scheidung von meinem ersten Mann, rief mich dieser an und dankte mir nicht nur für die gemeinsamen Jahre, sondern auch für die Trennung, da er nur dadurch seine Alkoholproblematik endlich erkennen und annehmen konnte und die Chance bekam, sein weiteres Leben positiv zu verändern. Indem ich meine ungesunde Rolle in dieser Beziehung losließ, war er gezwungen, die Folgen seiner Handlungen alleine zu tragen, die Verantwortung dafür übernehmen zu müssen. Inzwischen ist er glücklich verheiratet und hat sich aus dem Kreise sogenannter Kumpels entfernt, die ihn damals mit Freude betrunken machten. Er trinkt nicht mehr, hat eine vernünftige Arbeit gefunden und auch sonstige Lebensthemen ganz gut gelöst. Das konnte er aber alles erst, als ich nicht mehr meinte, für ihn und das, was er betrunken angerichtet hatte, verantwortlich zu sein und einspringen zu müssen. Das konnte er erst, als ich ihn losließ und mir damit gleichzeitig auch das Recht auf ein gesundes und glückliches Leben, auf einen Neubeginn einräumte. Niemand ist gezwungen in schweren Situationen auszuharren. Jeder Mensch hat das Recht auf Glück. Niemand braucht sich Schuldgefühle einreden zu lassen.

DIE CHANCE DES NEUBEGINNS

Ich kann schon gar nicht mehr aufzählen, wie oft im Leben ich neu angefangen habe: neue Jobs, neue Beziehungsversuche, neue Verhaltensmuster, neue Wohnorte, neue Freundschaften, neue Hobbys, neue Lebensphasen. Ich weiß es nicht. Ich weiß aber, wie mühevoll die Schritte oft direkt nach Trennungen und Enttäuschungen fielen, oder oft zusätzlich noch durch erhebliche finanzielle Belastungen erschwert. So oft fand ich mich spät abends oder nachts am Fenster, am Computer, am Laptop sitzen und schreiben, nachdenken, oft voll grauer Schwere in meiner Brust. Ich fühlte diesen Nebel, der sich auf meinen Lebensweg gelegt hatte, ohne Sicht auf Wege, die ich nun gehen konnte. Ich wusste nur, dass mich das bislang vertraute Land meines Lebens wieder einmal ausgespuckt hatte. Häufig fühlte ich mich wie ein Stück Treibgut in einem großen, schnellen Strom, so halb unter Wasser, halb über die Oberfläche hinaus blickend aber ohne festen

Grund. Alles was ich wusste war, dass es jetzt in dieser Phase noch gar nicht darum gehen brauchte, das neue Land zu sehen. Oft waren die einzelnen Schritte, das Bewältigen des aktuellen Tages genau die aktuell erforderlichen Schritte des neuen Weges. Im Laufe der Tage und Wochen lichtete sich dann der Lebensnebel allmählich. Der Schmerz ließ nach, neue Ideen und Projekte belebten den Alltag, neue Situationen entstanden, vielleicht gute Gespräche, möglicherweise neue Begegnungen, allemal Inspirationen und Heilungsprozesse – und plötzlich lichtete sich der Nebel und das Neuland lag vor mir.

Es liegt eine ganz große Chance in jedem Neubeginn: wir können unsere Seele entrümpeln, unsere Wohnung, unsere Beziehungen, eigentlich alles – vor allem unsere Gewohnheiten. Wir können innehalten und uns überlegen: was will ich jetzt leben? Was will ich nicht mehr? Was will ich verändern? Wie erreiche ich meine nächsten Ziele? Wie lauten diese überhaupt? So schmerzlich das Lebenschaos oft auch sein mag, oft sind es gerade die Zusammenbrüche bisheriger Umstände, die uns auf völlig neuen Lebenswegen stoßen und ganz besondere Situationen herbeiführen.

Alles macht seinen Sinn – oft braucht man jedoch den erforderlichen Abstand, um dieses zu erkennen. Ich denke hier an einen Freund, der seit Jahren die Bürde zu tragen hatte, in Familienunternehmen eingebunden zu sein. Sicher hatte ihm das auch Freude bereitet, aber er war grundsätzlich in sehr schwere, oft wenig aussichtsreiche Situationen gestoßen worden. Wir hatten einige Zeitlang gemeinsam daran gearbeitet, eine Firma zu retten, aber die äußeren Umstände spitzen sich zu, bis die Insolvenz unvermeidbar war. Die Öffentlichkeit zerriss sich das Maul – gefördert durch unsaubere und einseitige Medienrecherche, Eigeninteressen eines Politikers, der gleichzeitig auch Bauherr war, der erschreckenden Indiskretion und Einmischung einer Bank und sich selbst profilierenden Gewerkschaftlern. Auch intern wurde diesem Menschen gar keine Chance gegeben. Zu dem Schmerz über das Scheitern der beruflichen Träume kam also diese ganz persönliche Enttäuschung über so viel Bosheit und bösartige Verleumdung. Es war schrecklich zu erleben, was einem einzelnen Menschen hier angetan wurde, einem Menschen, der für andere da war und ist, der sehr viel Güte und Liebenswürdigkeit besitzt, der für Freunde einsteht und sich wirklich kümmert. Wir führten unzählige Gespräche und sind bis heute gute Freunde. Damals, im größten Zusammenbruch sprachen wir darüber, wofür dieses ganze Chaos, dieser ganze Schmerz gut sein könnte und ich erinnere mich daran, wie ich über neue Chancen und ganz neue Lebenswege sprach. In der Tat ergriff er wenige Wochen später die Gelegenheit, sich einen kleinen Lebenstraum zu erfüllen bzw. die ersten Schritte darauf zu gehen. Selbst wenn sein Weg noch vor ihm liegt, wenn er noch immer darauf hinzuarbeiten hat, so hat er doch die Chance zur neuen Lebensgestaltung ergriffen und die Zeit wird kommen, wo sich seinen Lebenstraum erfüllt. Diesen neuen Weg hätte er ohne die schmerzlichen Erfahrungen kaum eingeschlagen.

Ohne die schmerzlichen Erfahrungen hätten wir einander als Menschen und gute Freunde kaum kennen- und schätzen gelernt und für diese Freundschaft bin ich wirklich sehr dankbar. Auch mein Weg liegt in vielen Bereichen noch vor mir. Aber ich werde ihn gehen – an jedem einzelnen Tag – in dem Glauben, dass noch viel Gutes auf mich wartet und dass ich dies auch verdiene.

Verzeihen

Man kommt nicht umhin, sich immer wieder in Lebenssituationen zu finden, in denen man schmerzlich erkennt, dass ein anderer Mensch sich verändert hat. Vielleicht auch, dass man belogen wurde, vielleicht betrogen, mit Sicherheit verletzt. Bisweilen steht man fassungslos vor einem Scherbenhaufen und versteht nicht, wie geschehen konnte, was geschehen ist. So hangelt man sich im Laufe der Jahre durch so viele schwere Erlebnisse, die ihre Wunden und Narben hinterlassen. Dann kommt der Moment des Innehaltens, wo man sich aufrichtig fragt: was war mein Anteil an allem – vielleicht lag der auch nur in der Eigenschaft, Dinge vergoldet zu haben, um die Realität nicht wahrhaben zu müssen, um den Augenblick des Schmerzes noch ein wenig hinauszögern zu können?

Es kommen Momente der Bitterkeit, des Kummers, auch einer gewissen Mutlosigkeit. Wozu sich öffnen, wozu für Freundschaft oder gar für Liebe, wenn man doch immer und immer wieder diese Enttäuschungen durchzuleben hat.

Sicher, das ist eine Möglichkeit durch unser Leben zu schreiten. Wir könnten uns den Menschen verschließen. Das mag ja durchaus eine Zeit lang genau der Schutz sein, den wir benötigen, um Wunden zu heilen. Aber steckt dahinter nicht auch eine verdammte Bequemlichkeit? Wir können uns nämlich in den geschlagenen Wunden suhlen, ohne die Verantwortung für die Rollen übernehmen zu brauchen, die wir in dem Spiel gespielt haben. Es gehören immer Zwei dazu, ein Betrüger und einer, der sich betrügen lässt, ein Manipulierer und einer, der sich manipulieren lässt, jemand, der die eigenen Grenzen missachtet und überschreitet und einer, der ihm dieses erlaubt. So einfach ist das nicht, mag man hier denken – aber wenn man es ganz klar betrachtet ist es ganz genau dieses: so einfach. Aber … ja ja, ich weiß. Man findet immer tausend Gründe, in einer Situation zu verharren. Für die Kinder, wegen des Geldes, weil man noch an die Liebe glaubt, weil man sich verpflichtet fühlt, weil man sich verantwortlich fühlt, usw. Wir sind hier wieder beim Thema „Selbstwertschätzung". Doch in diesem Abschnitt geht es mir noch um etwas anderes. Wir könnten also in Bitterkeit verharren und mit dem Finger auf den Schmerzverursacher zeigen. Er, sie, es böse, ich lieb. Ginge. Aber wenn es uns gelingt, uns aus dieser selbstbeweihräuchernden Schwarzweißmalerei zu lösen, dann können wir etwas ganz anderes erkennen: nämlich, dass wir aus jeder dieser Schmerzsituationen Lektionen lernen können, dass sich Dinge wiederholen und wiederholen, bis man die Lektion begriffen hat und wenn dies nun endlich geschehen ist, bekommt man mit einem Mal die Chance, grundlegende Muster zu erkennen und zu bearbeiten. Dann ist die Quelle des Schmerzes mit einem Male etwas ganz anderes, nämlich die Wurzel der Heilung. Wer auch immer uns im Leben eine Zeit lang begleitet, ist ein Spiegel der Aufgaben, die wir in unserem Leben zu lösen haben. Das mag uns mit dem gebürtigen Abstand in die Rolle versetzen, dem Menschen letztendlich danken zu können, danke für die Lektionen, danke für die Rolle, die Du gespielt hast, auch wenn sie mir Schmerzen verursacht hat – und am Ende bleibt eine besonders wichtige Lektion: das Verzeihen, das Heilen der alten Wunde und des Loslassens mit einem Lächeln.

67

ARBEIT AN SICH SELBST

Das Loslassen mit einem Lächeln, denke, dies gehört zu den besonders schweren Aufgaben in unserem Leben. Aber jeder Tag birgt die Chance, neue Lebensthemen anzugehen, sich selbst aufmerksam zu betrachten, die eigenen Fehler und Schwächen zunächst anzunehmen, aber auch zu hinterfragen: was will ich denn davon noch mit mir herumschleppen?

Ist das der Ballast, der meine weiteren Schritte begleiten soll, oder fühle ich, es ist an der Zeit, einmal mehr die Seele, die Wohnung, mein Leben zu entrümpeln, auszusortieren, was wie vergessene Kartons im Keller lagert, Platz vergeudet, verstaubt, behindert und letztendlich völlig unnütz ist – denn sonst würde es nicht im Keller des Lebens lagern.

Es ist natürlich schon verlockender, so ein wenig an den anderen Menschen „herumzunöhlen", an den Lebensdramen anderer teilzuhaben, die ein oder andere Suchtform wie ein Schleier vor die eigentlichen

Aufgaben zu setzen. Verlockender sicherlich, als die ganz persönlichen Lebensthemen anzugehen. Denn das ist mal so richtig unbequem. Ich kann mich also blind in Arbeit stürzen und mir dabei noch ganz toll vorkommen – die Gesellschaft jubelt mir zu, der Erfolg möglicherweise auch, das Geld ebenso – aber ich lenke mich mit Bravour von der privaten Misere ab. Oder man raucht und isst sich mal eben den Frust von der Seele, die einen mögen sich die Bürden wegtrinken, oder diverse Beziehungssuchten kultivieren. Es gibt viel, was uns von uns selber ablenken kann. Aber kommen wir nicht zu dem Punkt, wo wir uns fragen: was kann ich jetzt tun, um meine Zukunft positiv zu gestalten? Ist es nicht genau jetzt Zeit, ein paar Dinge zu verändern. Dazu die lieb gewonnenen Gewohnheiten zu hinterfragen, das eigenen Verhalten zu durchleuchten und dabei eben auch Suchtfaktoren zu erkennen, die ja nun nicht immer nur mit Drogenkonsum zu tun haben brauchen oder mit schweren Fällen von Alkoholismus, sondern sich sehr leise in den Alltag schleichen können. Selbsterkenntnis kann der Anfang der persönlichen Wende sein.

69

Ich hatte mir bereits im Jahre 2008 vorgenommen, das Jahr 2009 unter den Deckmantel eines ganz persönlichen Projektes zu stellen: das Projekt „ICH". Mir ging es darum, wieder mehr Qualität in mein Leben zu bringen. Finanziell waren und sind mir dabei keine großen Sprünge möglich, aber mir war aufgefallen, wie müde ich durch meine Tage hastete, wie wenig Raum mir für mich selbst blieb, wie ich versuchte, einfach irgendwie zu funktionieren – und wie mein Körper die Kilos hortete, wie ich einfach Frust, Kummer, Stress in mich hineinfutterte und den Teufelskreis weiter und weiter schraubte in einer unsäglichen und ungesunden Spirale, gefolgt natürlich von extremen Schmerzen, denn meine alten Unfallknochen fanden das gar nicht so witzig. Dies alles wollte ich mit dem Jahreswechsel angehen und ich begann tatsächlich, meine Ernährung umzustellen, aber nicht zu hungern. Ich gab meinem Körper zum ersten Mal seit Jahren nicht Diätversuche und Jojo-Effekte, sondern achtete darauf, dass er bekam, was er brauchte. Ich aß teilweise sogar mehr als vorher, aber anders, ausgewogener und siehe da, die ersten Kilos purzelten. Zwanzig Kilo schaffte ich in diesen ersten vier Monaten und konnte sie das ganze

Jahr bis heute halten. Bald möchte ich die nächsten Kilos angehen – auf ebenso natürliche Weise. Ich gewöhnte mir an, nicht mehr aus Frust, Stress und Liebessehnsucht zu essen, sondern dieses Bedürfnis, das gesättigt werden wollte, durch etwas zu ersetzen, was ich persönlich für mich tun konnte. Wärme vielleicht durch den Schein einer Kerze, durch heißen Kräutertee, durch das Innehalten und eine kleine Pause, durch neue kleine liebevolle Rituale, Atemtechniken, Meditationen, Schreiben, dem bewussten Lauschen schöner Musik, Spazieren gehen, dem Duft und der Liebkosung schöner Lotion auf der Haut. Es gibt so vieles, das man sich selbst schenken kann. Mit den Wochen, die vergingen, wurde es mir so ein Bedürfnis, mir diese kleinen Räume zu gestalten, mir diese Momente zu schenken und mein Hunger wurde gestillt, mein Heißhunger blieb aus, mein Körper war satt und erfüllt, weil ich meiner Seele gab, was ich mir – personenunabhängig – schenken kann: Selbstwertschätzung, Eigenliebe, dem Hinfühlen auf meine Bedürfnisse, Gefühle, Grenzen. Ich bin dankbar dafür, diesen Weg gegangen zu sein, denn er half mir durch dieses schwierige Jahr, half mir, mich auch nach der Trennung positiv zu fühlen, mir den Frühling nicht

71

nehmen zu lassen. Half mir, den Sommer zu verarbeiten, half mir durch den Herbst und brachte mich schließlich dazu, viele Wunden heilen und neu beginnen zu können – dazu gehörte auch das Sich-Öffnen für eine neue Liebe. Ich kann nicht sagen, was das Morgen bringt und Garantien kann uns dieses Leben ohnehin nicht bieten, aber es ist wunderschön zu spüren: Ja, ich kann von vorne anfangen, immer und immer wieder. Ja, ich kann an mir arbeiten und ja, ich habe es selbst in der Hand, aus der Situation heraus glücklich zu sein. Denn was ich nicht in mir selbst finden kann, das kann ich auch nicht durch einen anderen Menschen erhalten. Es liegt eine große Illusion darin zu glauben, dass andere Menschen für unser Glück oder Unglück verantwortlich sind. Wir alleine bestimmen, was wir einem anderen Menschen in unserem Leben erlauben – oder uns selbst.

Aufmerksamkeit

Da gibt es die Putzfrau unseres Hauses, die sich immer ängstlich an die Wand drückt, wenn mein großer, tolpatschiger – aber in ihren Augen gefährlich aussehender Hund – an ihr vorbei trottet. Er beachtet sie nicht einmal, aber sie presst ihren Besen ängstlich an den Körper und wartet, bis der Kelch vorüber gegangen ist. Eigentlich sehe ich sie nur selten, aber Woche für Woche bringt sie unseren Hauseingang, die Treppen, die Fenster und das Geländer in Ordnung und hinterlässt den frischen Duft von Sauberkeit. Es gibt dieses kleine, freundliche Männchen in blauem Anzug, den Hausmeister der gegenüberliegenden Blöcke. Man sieht ihn schon früh morgens seiner Arbeit nachgehen, den Müll sortieren, die Blätter sammeln, die Hecken schneiden. Lächelnd huscht er seines Weges und ist tagtäglich dabei, seine Pflichten zu erfüllen. Bisweilen treffe ich die alte Frau mit Kopftuch, die jeden Dienstag gebeugt das Grab der Tochter besucht. Sie erzählt mir immer, wo die Blumen gerade besonders günstig sind, welche Blumen besonders lange auf dem Grab der Tochter halten. In ihrem Blick liegen Schmerz und Resignation eines langen, mühevollen und schicksalsgeplagten Lebens. In der Nachbarschaft wohnt eine alte Dame, die morgens aus dem Fenster blickt, in der Hoffnung, ein wenig Abwechslung zu erhaschen. Schon in meiner Kindheit schien sie mir alt. Ich erinnere mich, wie sie den Kindern Bonbons aus dem Fenster warf. Heute wirft sie die Bonbons meinem eigenen Sohn zu. An guten Tagen macht sie sich schick und dreht ihre kleinen Runden, an verwirrten Tagen vergisst sie ihre Zähne, hat Rundbürsten im Haar oder läuft mit Pantoffeln nach draußen, die Augen angstgeweitet oder verwundert, häufig von Kriegs- und Fluchterinnerungen gepeinigt. Sie kann sich an den negativen Nachrichten aufreiben, am Unverständnis gegenüber der heutigen Zeit, oder glücklich dem Treiben der Kinderspiele lauschen, mit den Kindern Fußball spielen oder sich über die Sprüche meines Sohnes amüsieren. Es gibt die Mütter, die ihre Kinder zur Schule begleiten oder in den Kindergarten bringen, die Menschen, die ihre Hunde in den grauen

Morgenstunden über die Felder führen, es gibt den Mann an der Ecke, der frierend auf den Arbeitskollegen wartet, die Frau hinter der Theke, die selbst müde dennoch versucht, den Kunden ihre Aufmerksamkeit und ihr Lächeln zu senden. Es gibt die alte Frau im Nachbarhaus, die im Krieg den Mann verlor und ihr Leben der Pflege anderer Menschen gewidmet hat, es gibt die ältere Dame, die ich häufiger im Englischen Garten treffe, die als junge Frau mit ihrem Mann nach Sibirien verschleppt worden war und Jahre grausamer Entbehrung und mühevoller Arbeit durchleben musste, bis sie ein neues Leben beginnen konnte – nun gesegnet mit Enkeln und Urenkeln. Um uns herum leben Menschen und Geschichten. Mit ein wenig Aufmerksamkeit können wir uns bemühen, sie in ihrer Würde, in ihrem Sein wahrzunehmen, können wir ihnen einen Gruß entrichten, vielleicht einen Moment des Lauschens schenken, in jedem Fall ein Lächeln. Wir schreiten durch unsere Tage – sehr häufig in raschen Schritten, getrieben von allem, was wir denken, wir hätten es zu tun, gedrängelt von der ewig weg rennenden Zeit, bedrängt von den Erwartungen anderer. Doch mit ein wenig Aufmerksamkeit können wir

75

erkennen, welch Geschichtenschatz, welch beeindruckendes Sammelsurium gelebter Erfahrungen, welche Persönlichkeiten, Erlebnisse die Menschen in sich tragen, die wir im Alltag vielleicht kaum wahrnehmen, die wir vier mitunter belächeln oder die uns bisweilen auch auf die Nerven fallen. Mit ein wenig Aufmerksamkeit können wir uns bewusst machen, dass sie etwas ganz besonderes sind: ein Geschenk, gelebte Geschichte, in jedem Fall so einzigartig wie wir – in diesem weiten Universum. Nicht zu vergessen die Menschen, die uns durch jeden einzelnen Tag begleiten, Freunde, Verwandte, Partner – es ist gar nicht viel Mühe, mit ein wenig Aufmerksamkeit einem anderen Menschen ein Lächeln zu zaubern. Wir sollten das nie vergessen. Eine kleine Geste, eine große Wirkung.

MENSCHEN, WIE DAVE

Es gibt sie wirklich, diese ganz besonderen Menschen, die einfach da sind, wenn sie spüren: hier ist jemand, der ein Lächeln sehr gut gebrauchen könnte. Ich habe das selbst erlebt und war so bewegt. Davon möchte ich erzählen, denn es sind Menschen, wie Dave, die anderen Menschen ein Lächeln zaubern können, wenn deren Lebenssituation so grau und trüb erscheint. Ich habe ein sehr schweres Jahr hinter mir. Die Trennung von meinem Mann, der seine Liebe zu mir verlor, den Verlust eines Freundes, in den ich mich verliebt hatte, mit dem es zwar keinerlei reelle Zukunft gab, der mir als Mensch und Brieffreund aber sehr viel bedeutete. Ich habe auszehrenden Dispute mit meinem Mann hinter mir, während der wir in dem Versuch, Freunde zu bleiben, leider kläglich gescheitert sind. Dann das Materielle, und und und. Es war ein scheußliches Jahr, bis endlich gegen Ende eine neue Liebe in mein Leben kam. Um gegen meine Einsamkeit und auch die

Traurigkeit anzukämpfen, machte ich das, was ich immer mache: schreiben. Nachdem mein persönlichstes Tagebuch jedoch durch unerlaubtes Schnüffeln entweiht worden war, ging ich dazu über, noch intensiver im Internet zu bloggen. Anonym – und doch mit dem Gefühl, gelesen, gehört, wahrgenommen zu werden. Dabei fand ich einen treuen Leser, zu dem sich eine Brieffreundschaft entwickelte. Daraus wiederum wurde etwas ganz Besonderes für mich, denn immer, wenn ich Momente hatte, an denen mich die Schwere des Tages bedrückte, fand ich von ihm freundliche Zeilen, Motivationen, Musikvideos wie „Don't worry, be happy" und Bilder, über die ich einfach lachen musste. Dave versuchte dabei nie, die Grenze der Freundschaft zu überschreiten, keine Anmache, kein Belästigen. Er sprang mit unglaublicher Feinfühligkeit und seinem Humor einfach dann ein, wenn er spürte, ich könnte ein nettes Wort gebrauchen. Mich bewegte diese Uneigennützigkeit so sehr. Klar war ich selbst in meinem Leben oft für andere da, aber zu erleben, wie ein ganz Fremder einfach in so eine Rolle schlüpfte – das berührte mich und ich war wirklich unglaublich dankbar dafür. So entstand aus dem viel geschmähten virtuellen

Raum eine echte Brieffreundschaft. Natürlich ist eine gesunde Skepsis und Vorsicht im Internet mehr als nur ratsam, aber eines darf man nie vergessen: hinter jedem Profil verbirgt sich ein reeller Mensch.

Dieser Abschnitt ist Menschen, wie Dave gewidmet, die anderen in schweren Augenblicken ein Lächeln schenken. Ich habe mir feste vorgenommen, für andere Menschen auch ein „Dave" zu sein, aufmerksamer durch das Leben zu schreiten und zu sehen, ob ich mit meinem Lächeln nicht ein Stück von diesem „Dave" weitergeben kann. Ich hoffe, dies mit diesem Buch zu erreichen, anderen hilfreiche Gedanken und Anregungen in die Hand zu geben. Ich denke, wir alle sollten versuchen, einander dieses Lächeln zu schenken.

So oft wird von christlicher Nächstenliebe gesprochen. Ich bin kein Mensch, der sich in Konventionen einfügen kann oder will, mir bedeuten Institutionen auch nichts und das Thema „Glaube" ist für mich eine urpersönliche Angelegenheit, die ich lieber mit mir selbst ausmache und für die ich auch keine Glaubensgemeinschaften benötige. Aber ich denke, Menschen wie Dave leben etwas in ihrem Alltag, was von so vielen Anderen nur als Lippenbekenntnisse über die Münder kommt.

INNEHALTEN

Ruhe kehrt ein. Der abendliche Himmel leuchtet violett, blau, ein wenig rötlich und gelb. Die entlaubten Winterweiden bilden faserige Silhouetten in der Ferne. Ein weiterer Tag verabschiedet sich und atmet Stille. Ich sitze hier, halte inne in meinem Tun, genieße den Augenblick, atme die Kraft der Stille und die Schönheit der Natur.

Augenblicke wie diese geben mir jedes Mal auf das neue das Gefühl tiefer Andacht, Momente der Wärme und aufrichtig empfundener Dankbarkeit, aus dieser Ruhe gleichsam so viel Kraft schöpfen zu können. Ob es der neu geborene Tag am Morgen ist, ob es der Abend ist, der zur Nacht hinübergleitet, ob es das Licht ist, das dem Dunkel weicht oder die Nacht, die dem Tage Raum gibt: es sind besondere Augenblicke, die ich so gerne bewusst erlebe. Für mich stehen sie nicht nur für das Kommen und Gehen, das Werden und Vergehen, den Neubeginn und das Loslassen, sie stehen für mich auch dafür, dass es zum Glück – aller menschlichen Schwächen und Dummheiten zum Trotz – noch immer die Schönheit der Natur gibt, das Strahlen der Sterne, das Blühen, das Wachsen und Gedeihen, den Wandel der Jahreszeiten, den Wechsel der Witterungen, die Farbenspiele der Natur. Es liegt ein großer Trost darin, dass wir Menschen einander nicht Sonne, Mond und Sterne stehlen können. Wir können ihnen Namen geben, es soll sogar Menschen geben, die für teures Geld ihre eigenen Sterne kaufen bzw. taufen lassen, doch werden jene Himmelskörper davon nicht wirklich berührt. Wieder typisch für die Menschheit, etwas besitzen zu wollen, was uns allen gehört. Doch unberührt all der irdischen Irrungen und Wirrungen – ich klaue hier schamlos den Titel der klassischen Vorlage – sind es die eingangs erwähnten Momente des Innehaltens, von denen wir zehren können für die Bewältigung unseres Alltags. Dazu gehört mit Sicherheit auch das Schmunzeln können über die Unzulänglichkeiten unseres Menschseins.

Schmunzeln gibt uns bisweilen die erforderliche, gesunde Distanz, die wir benötigen, um uns nicht krank zu ärgern.

81

WIE EIN BLATT AM SPINNFADEN

Der allmorgendliche Gang mit meinem treuen Labrador
gehört zu meinen täglichen Routinepflichten, die mir
gleichsam so viel bedeuten. In der frischen Kühle des
neugeborenen Tages den eigenen Gedanken
nachzuhängen, oder aber ganz leer zu werden, das
innere Plätschern einfach einzustellen und – um es
banal auszudrücken: einfach zu sein, das sind für mich
wesentliche Kraftquellen und Kraftmomente meiner
Tage. Der Herbst mit seinen wiederkehrenden Motiven
aus nebelverhangener Landschaft, dem bunten, täglich
sich verabschiedenden Laub, der Stimmung früher
Dunkelheit und nahender Kälte, der bewusste Abschied
von einem weiteren Lebensjahr, das sich dem Ende
zubewegt... Ich liebe es, diesen Dingen Aufmerksamkeit
zu schenken, innere Dialoge zu führen mit Menschen,
die mir nahe stehen, oder einfach nur ganz still zu
werden, zu atmen, zu gehen, mich selbst in diesen
Augenblicken zu erspüren. Wo bin ich jetzt in meinem

Leben? Was kann ich tun? Wohin geht meine Reise? Immer wiederkehrende Fragen und Themen.

An diesem Morgen, den ich ähnlich verbrachte, an dem die Blätter jedoch eher von den Bäumen tropften als schwebten, beschwert durch Nachtregen und Morgennebel, bemerkte ich ein Birkenblatt, das über dem Weg an einem Spinnfaden hing – in seinem freien Fall gestoppt auf dem Weg zur Erde. Genau das ist es, dachte ich mir. Wie oft hängen wir ähnlich in unseren Lebenssituationen fest, klammern uns an Gegenstände oder Menschen, die wir bereits verloren haben, verharren in Situationen, die bereits den Hauch des Vergangenen tragen. Oder wir haben uns bereits auf unseren Weg gemacht, können aber noch nicht so ganz loslassen, scheinen dieses trügerisch dünne Halteseil noch zu brauchen, das uns ja nur scheinbar hält, in Wahrheit aber am Weiterfliegen hindert und uns damit in unserer freien Beweglichkeit einschränkt. Bisweilen stehen wir - bedingt durch schwere Lebenssituationen - vor einem persönlichen Abgrund, vor einem neuen Lebenstal, vor einer Bruchlandung und einem großen Schmerz – und da mag es der seidene Faden der Freundschaft sein, von Familie oder auch dessen, was

83

man bereits im eigenen Leben über sich gelernt hat, was einen davor bewahrt, noch wesentlich schmerzhafter aufzuprallen. Man befindet sich zwar auf dem Weg nach unten, aber wird doch in dieser Schwebe gehalten, bis ein neuer Wind auch einen neuen Lebensflug ermöglicht – vielleicht stürmisch schwebend, vielleicht sachte gleitend.

Ich denke mir oft, wie viele Geschichten uns doch die Natur erzählen kann, wenn wir bereit sind, ihr zu lauschen. Ich frage mich, wie viele Menschen die Dinge ähnlich betrachten.

Wie sehr bewegte es mich jedoch, als ich wenig später mit meinem fast sechsjährigen Sohn die gleiche Strecke Richtung Schule ging und er plötzlich auf eben jenes Birkenblatt zeigte, mit den Worten: „Schau Mama, da hängt ja ein Blatt zwischen Himmel und Erde fest. Ich glaube, es hat sich noch gar nicht entschieden, wohin seine Reise geht. Weißt Du Mama, ich glaube, das ist bei uns Menschen auch oft so. Oder was denkst Du?"

DANKBARKEIT

Schlaflos drehte ich mich auf die Seite, im Kampf gegen mein Kopfkissen, das mir diese Nacht keine bequeme Lage brachte. Mal war meine Decke zu warm, mal fror ich, bisweilen döste ich vor mich hin, dann wieder geweckt durch das Weinen des Nachbarbabys. Wieder schlummernd, weckte mich das laute Lachen und Lärmen nächtlicher Spaßsuchender. Ich drehte mich, stand auf, trank Tee, legte mich erneut hin, alleine: die Gedanken zu aktuell anstehenden Themen hielten mich wach. Auch Kummer, Sorgen und die sogenannten Pakete des Lebens, die man bisweilen zu lösen hat. Meine Gedanken drehten sich wie träge Mühlräder im Kreis, mahlten die Aufgaben zu kleinen Gedankenschritten, drehten die Themen herum und brachten sie erneut in die Mühle. Heiterkeit und Spiel gelangen mir hier nicht, ich war zu müde. Aber ich begann, darüber nachzudenken, wieviel Gutes mir im Gegenzug zur Seite stand, angefangen mit der täglichen

Freude über meinen wunderbaren Sohn, bis über Freundschaften, meine Familie, Gesundheit, meinen starken Willen, ausreichend Kraft, um immer wieder auf die Beine zu kommen, meinen Gaben, meinen Fähigkeiten, und so weiter. Ich ließ mir Zeit, mich auf das Positive in meinem Leben zu konzentrieren und mich dafür zu bedanken im inneren Dialog. Ich machte, was mir immer hilft in diesen Momenten einsamer Grübeleien: ich danke dafür, dass mir auch diese Situationen, so schwer sie sich momentan anfühlen mögen, Lektionen lernen werden, die ich vermutlich erst aus dem Abstand heraus verstehen werden. Ich vertraue und verlasse mich darauf, dass sie nötig sind, dass ich sie durchschreiten muss, um das nächste Glied auf der Kette meines Lebens erreichen zu können. Ich weiß und spüre, dass es noch viele wunderschöne Kettenglieder geben wird – und dafür ist es einfach erforderlich, diese aktuellen Themen zu erledigen. Das Gefühl der Dankbarkeit bewirkt etwas Wunderbares: es hilft über jene grauen Augenblicke, stoppt die Gedankenschraube und lenkt den Blick hin zu positivem Denken. Daraus wächst neue Kraft.

GEDICHTE

LEBENSWEGE

Mein wundes Herz wird ruhiger nun
Wo Nacht das Tageslicht geleitet
Die Blicke auf den Bildern ruh'n
Und mich die Abendruh' begleitet.

Mich führt durch die vertraute Weise
Wie oft schon saß ich so bei Nacht
Auf meiner schweren Lebensreise
Wie häufig schlaflos und erwacht.

Nun bin ich ja nicht weit gekommen,
Im Laufe meiner Lebenszeit.
Was ich erwarb, das ward genommen.
Auch Liebe, Glück und Heiterkeit.

Wohnung, Auto, Geld verloren,
Doch immer wieder aufgestanden
Dazwischen dann mein Kind geboren.
Und was wir einst am And'ren fanden.

Das glitt uns auch durch uns're Hände
So schwer gekämpft von Jahr zu Tag.
Wir standen einfach vor dem Ende.
Zu spät erkannt, woran es lag.

Nun gehe ich auf neuem Weg
Noch ziemlich schwer ins neue Morgen,
So viele Steine, kaum ein Steg
Und leider viel zu viele Sorgen.

Doch fühl' ich auch den Sinn des Lebens
Der nicht im Trüben liegen kann.
Wohl aber in der Kunst des Gebens.
Doch fang' ich endlich bei mir an.

Denk' einmal auch an meine Träume,
An das, wonach mein Herz begehrt.
Ich seh', im Frühling grünen Bäume,
Im Winter sind sie dann gelehrt.

Nur zwischendurch, da gibt es Blüten,
Da gibt es Grün und buntes Laub,
Es gibt ein Singen und Erblühen
Wenn man nur immer an sich glaubt.

Ich kann es selber oft kaum fassen,
Das ganze Hoch und Hin und Her,
Dann wieder Tief und ganz weit unten.
So oft war alles mir zu schwer.

Doch weiß ich nun, ich möchte leben.
Ich möchte einfach glücklich sein.
Ich will genießen, lachen, geben
Zusammen - oder ganz allein.

DER ERHOBENE ZEIGEFINGER

So einfach, damit aufzuzeigen
Was andere so gern verschweigen.

Man sieht die Schwächen und das Lügen,
Das Heimlichtun und das Betrügen.

Man sieht es oft mit Arroganz
Und rühmt sich selbst der Toleranz.

Man selber würde anders handeln,
Doch oft im Lauf des Lebens Wandel.

Wird man gezwungen hinzusehen.
Auf's eigne Handeln. Nicht so schön!

Und schmerzlich ist dann das Erkennen,
Am liebsten vor sich wegzurennen.

Das eigne Zutun nicht zu leugnen
Vor sich die Wahrheit nicht zu beugen.

Es schmerzt, doch hilft es zu verstehen
Das Andere es anders sehen.

Dass jeder seine Lebensreise
Zu gehen hat auf seine Weise.

Tja - vor mir seh ich mein Gesicht
So gut gemacht hab ich es nicht.

Ich wollte es, ich fand es richtig,
Doch sind all die Gedanken nichtig.

Denn das was zählt ist das Ergebnis,
Zumindest war es ein Erlebnis.

Im Auf und Ab ein Zugewinn
Denn alles hat auch seinen Sinn.

Wir lernen - willig oder nicht,
Im schlimmsten Fall wird's ein Gedicht.

So grins' ich hier auf meine Zeilen
Und seh' mich nun mit Dollar eilen.

Mit meinem treuen alten Hund,
Die Dichterin hält jetzt den Mund.

DAS VERFLIXTE 7. JAHR

Im verflixten Jahr bist Du gegangen
Und leider war die Chance vertan,
Das Gute, Schöne aufzufangen,
So fing ich halt von vorne an.

War traurig, wütend, manchmal bitter,
War stolz und kühl und auf Distanz
Doch gab es Donner und Gewitter
Am Ende endlich Toleranz.

Verzeihen, Reden, Weitergehen
Loslassen, Lächeln und Verstehen.
Und endlich heilt der alte Schmerz
Und schließlich auch das wunde Herz.

Ich ziehe weiter, lieber Freund,
Und hab ein letztes Mal geweint.
Mein Herz wird neue Liebe finden
Und das, was war bald überwinden.

Doch kann ich Dir nun Danke sagen
Kann Danke fühlen, Danke geben.
Kann auch den Blick zurück ertragen.
Leb Wohl, mein Freund, ein schönes Leben!

NEUANFANG

Der Neuanfang hat schon begonnen,
Die Zeit ist weiter schon geeilt.

Und hat sie eine Chance genommen
So haben wir sie doch geteilt.

Wir stehen vor dem neuen Weg
Ein jeder seinen eignen geht.

Du wählst den einen, ich den andren
Und wo wir keine Brücke fanden.

Da gibt es doch den Blick zurück
Die Zeit voll Liebe und voll Glück.

So haben wir uns einst begleitet
Wo jeder nun alleine schreitet.

Geh Deinen Weg im Guten nun
Ich werde hier das Meine tun.

Im größten Dunkel gibt es Licht,
Verliere Du die Hoffnung nicht.

Geh hin voll Zuversicht ins Morgen,
Nun lebe gut und ohne Sorgen.

ENDGÜLTIGER ABSCHIED

Wenn ich meine Augen schließe,

Tausend Tränen ich vergieße,

Tausend Nächte lang geweint

Viele Träume ausgeträumt.

Dennoch, hinter all dem Sehnen

Eine Ahnung voller Schönem

Ein Erinnern voller Leben

Wärme, Liebe, Nehmen, Geben.

Auch für Dich ein neues Morgen,

Voller Liebe, ohne Sorgen.

Möge es Dir Gutes geben

Dieses völlig neue Leben.

Nimm zum Abschied meine Hände

Hat auch dieses "Uns" ein Ende

Kann ich Dir nun Danke sagen

Sind geschlossen meine Fragen.

Habe Antwort ich bekommen,

Ist die Bitterkeit genommen.

Lebe Wohl und weine nicht.

Geh mit lächelndem Gesicht.

Laß uns mit Respekt und Würde

Meistern diese neue Hürde.

Eltern sein für unsren Sohn.

Denn sein Glück ist unser Lohn.

Kann ich auch nicht zu Dir zurück,

So wünsch' ich Dir doch neues Glück.

So laß mich nun ins Morgen schreiten

Und kannst Du mich auch nicht begleiten,

So laß uns nun mit Lächeln gehn

Laß das, was war im Gestern stehn

Laß Gutes uns im Herz bewahren

Und alle Bitterkeit laß fahren.

Lebe Wohl!

CRY OF LOVE

Through all what happened in my life
I went with force and with a smile
I faced the troubles, faced the sorrows
And started fresh on all tomorrows.

But those days now I feel so dark
Inside my mind and in my heart.
Through all those waiting for few signs
While finding here no tender lines.

And waiting daily for kind words
For any news and lovely sign.
The loneliness cut my heart with swords
But nothing here, no single line.

Why do men harm my loving heart?
They do not know this tear apart
All love and hope and happy smile
But leaving darkness mile for mile.

For further tries my heart will close
And built up walls around its house.
I will deny to open my heart.
Love is so stupid, it just tears apart.

Love cause only pain and many tears
And leaves only darkness, sadness, fears.
Maybe so soon I will close my heart.
Because the pain just tears me apart.

WHEN THE WIND WHISPERS YOUR NAME

When the wind in the leaves whispers your name
I feel deep inside me a wonderful flame
So my steps lead outside to follow the word
While nobody's there - only loneliness' sword.

So back to my bed and feeling alone
Wandering sleepless through the rooms of my home
Only waiting I could, waiting for news
And carrying your gift, those beautiful shoes.

Wearing the arome while deeply I miss
Your hug and your smile - and your wonderful kiss.
But you left me alone and waiting so much
While I was so longing for a most tender touch.

So Far Away

While waking up
I knew your plain will start
Bringing distance between us
Mile for mile.

With a cruel certainty
To feel you go.
To feel the distance between us
Mile for mile.

To understand so much
Your need to come home.
While feeling the distance between us
Mile for mile.

So I am here
Staying waiting for news
While feeling the distance between us
Mile for mile.

But all I want to feel
Is your hug and smile
Is your laughter and near
And no more distance between us.

DISTANCE AND FARE WELL

While opening my eyes
I realize:
All those distance between us.

A short happy dream
And a wonderful time
In the end only distance between us.

A misunderstanding,
No chance to forgive
Made endless that distance between us.

And left me with pain
So much unspoken words
While feeling the distance between us.

I wished so so much

To have a last talk

For smile over distance between us.

For clearing the things

For a friendly fare well

With respect for the distance between us.

It is so cruel

What you did to me

Just placing that wall between us.

And give me no chance

To see a last smile

Before bringing this distance between us.

But inspite of the fact

That it pains me so much

I remember the near between us.

I will worship the smiles

And the tender lines

And say thank you for all between us.

So fare fell beloved friend

Who gave me no chance

Inspite of what have been between us.

Cause you broke my heart

And I carry the pain

While I worship what have been between us.

My days are so dark

But I am fighting for light

Wished a proper fare well between us.

But will never receive

So I give it myself.

Once I can smile about all between us.

Once my heart will be healed

And be happier again

Alone or with sharing a new "us"

Have a peaceful life

My beloved silent friend

I will walk on my way now, without "us".

Vulnerability

What a pain I feel today,
And I cannot go on.
Must protect me now.
So I close my eyes.

Imagine arms around me
Imagine care and hold.
But always my own strength
Which will overcome this day.

I am so vulnerable now
While closing my eyes
Feeling like a children soul
But never small!

What a horrible day.

But I cannot go on.

Must protect me now.

So I open my eyes.

Imagine arms around me

Imagine care and hold.

But are my own two hands

Which help me overcome this day.

FEELING ALL THE ELEMENTS

Like a blazing flame heating my soul
Like the hurricane inside my heart
Like the monster wave crushing all
Like the earthquake thrilling the ground

Thousand fires of inner rage.
Circling wild through my mind.
Crushing and thrilling my wild heart.

Like the comfortable warmth
Like the soft wind rustling leaves
Like the warm water caressing the skin
Like the ground on which houses stay

Thousand tears of tender love
Running softly down my cheeks
Taming me not to run away.

Like a new born child,
I am sitting here
Just finding still another tear
But calming slowly down.

LOST

What an inner rage I feel
Recognizing after all
But all too late
All done and gone.

Watching a cruel scenario
Of missed chances
Scene for scene understanding
What went wrong.

The only positive I can find in this
Is the process of learning
But wished to swear some bad words
Exactly here and now

Because we simple humans

With our stupid minds

Did once again destroy

The beauty we were given.

ALL TOO MUCH

While cruel mill stones of live
Milling all round and round
Trying hard to crush me.

I am still okay,
Cause I know my way
Just having to come
Through this stupid day.

117

Arms Around Me

Closing my eyes and
Feeling comfort
Imagine your arms around me.

Missing your smile
And missing your care
While dreaming your arms around me.

Feeling your strength
And wanting your kiss
While missing your arms around me.

Gone now so far
And left for your land
While I wished your arms around me.

When will you return
To hold me so tight?
While closing your arms around me.

Closing my eyes and
Feeling alone
While having no arms around me.

EMPTY MIND

After a night with barely sleep
And words of honesty from the past
While longing for the future
And feeling the present pain.

I find myself sitting at my laptop
An empty coffee pot at my side.
Not remembering that I drank it.
Or if it was hot or cold.

Automatic movements
Mechanical steps like a machine
Just being pushed forward
Through my iron will.

My soul is open like my heart
Suffering from that cyclon
Which is whirling around
Through my memories until now.

Following the power and
Violence of intensity
Which seem to be typical for my life.
From my first steps on this world.

Now idea to where all this leads
Just feeling my careful steps
But one thing I know for sure
Also this time I will stand up in the end!

RECEIPT OF STUPIDITY

You take two persons
A hand full of love
Friendship and understanding
Trust and care

And enjoy the nice food
Of daily life and laughing
But then you think
A secret spice is missing

So you add some misunderstanding
Not talking open and frank
Avoiding to show your soul
And hiding your secret dreams.

Then the other do the same.
And the time will come
Where everybody is sitting
In front of the own soup of life.

Asking him- or herself
How the hell could be managed
To make such a bad taste
Out of something so tasty.

Really a great art to create
Such a receipt of stupidity!

WHEN LIFE IS HURTING

When life is hurting.
You always can chose.
You can decide to hide
And dive inside your pain.

You can as well stand up
And face the day.
Trying to do your best
To make it a better one.

Because nothing will be better
From mourning and crying
Nothing from complaining
And feeling bad.

But you can change everything
When keeping a brave heart
And pushing yourself through
The darkness of your soul.

Remind yourself of all
You can be thankful
Go into every detail
Think positive and keep up hope

That once you will be on top again
Of that mountain of life.
There is shadow and there is light
That is how life is.

Go out of the shadow
And dare to face the light
Even if it is burning inside your eyes
But it will also warm your soul.

I learned a lesson once:
If nothing change with sadness
You can as well allow yourself
Being happy.

Yes, I will stand up again,
Just some moments left
To gain my strength
To force myself further.

Heartache pains most in life
But on the other hand means
That you have life inside your veins.
So stand up – now!

HEARTACHE

The night is mine
And nobody can see my tears.
The day make me hide
How sad I am.

My friends see my smile
Just get a hint how I feel.
A tiny glimpse maybe
Covering my pain.

Doing my duties
I cope with my days.
Trying to comfort others
While carrying a crying heart.

Nobody can see how I feel.

I hide it good.

Just inside my diary

I can free my thoughts.

Unseen from outside

I can let my tears run.

Can allow the thought

Of my deep loneliness.

Being strong those hours

Of the daylight

I feel like being buried

Inside a grave at night.

Nobody can see because I smile

Would despise my weakness.

Not want to be seen.

When I feel like that.

But those moments
When thousand tears are running
Down my cheeks
It is like dying from heartache.

Nobody will know, nor see.
Nor hear, nor watch.
Because tomorrow I will show
My smiling face again.

LETTING GO

The whole life is a matter of letting go
If your heart is bleeding or not.
You have to show your smile
To keep your proud.

While inside every part of your soul
Is aching and longing for reunion.
You have no choice or no
You have. You could let all go.

But is too valuable what you found.
You want to hold it tight.
You want to keep it alive
Like a burning fire, the little spark maybe.

You carefully will refill the wood
And do a lot to keep the place warm.
Anyway your eyes are crying.
Tears tearing you apart.

Maybe silent tears because you cannot show.
You cannot open your heart so much.
To keep your dignity and be remembered
With a smiling face.

Rising again like a Phoenix

Burning down to ash
I'm now shaking my wings
Rising again like a phoenix

I still feel the pain
But I leave it behind
Rising again like a phoenix.

And I will overcome
All those pain once again
And rising again like a phoenix.

Trying to fly
To tomorrows land
While rising again like a phoenix.

And while crying those tears
I am freeing myself
Soon rising again like a phoenix.

Watch my golden wings
And my feather coat
Watch me rising again like a phoenix.

WENN MEINE TRÄNEN...

Wenn meine Tränen Lächeln wären,

Würde es keine Trauer mehr geben.

Wären sie Nahrung,

Keinen Hunger.

Wären sie Liebe,

Es gäbe keinen Platz für Verzweiflung in dieser Welt.

Wenn meine Tränen Küsse wären,

Kein Mund bliebe unberührt,

Wären sie Wasser

Gabe es keinen Durst.

Wären sie Geborgenheit,

Es gäbe keine Einsamkeit auf dieser Welt.

Wenn meine Tränen Gedanken wären,
Die Menschheit würde Sorge tragen
Einander mit Umsicht
Und Achtung zu behandeln.
Wären sie Respekt
Es gäbe keine Verletzungen auf dieser Welt.

Wenn meine Tränen Lachen wäre,
Dann würde es Jubeln geben.
In allen Herzen
Es gäbe Freude
Wären sie Lachen
Es gäbe keinen Kummer mehr auf dieser Welt.

Wenn meine Tränen Hände wären
Ein jeder würde sich getragen fühlen
Auf seinem Weg
Es gäbe genügend Halt
Wären sie Arme
Es gäbe kein Verlassensein auf dieser Welt.

Aber meine Tränen sind meine Tränen

Ich wollte sie hätten einen Sinn

Mir bleibt allein die Hoffnung,

Dass in den Waagschalen des Universums

Einem anderen Menschen

Das Maß dieser Tränen in Glück verwandelt wird.

Your long Way

You still drive on the streets,
But away now from me
Even big our needs
But the hugs cannot be.

Sound so hard now and sad
But is still not so bad
Because soon and so warm
You will be in my arm.

Just a little more time
Then you'll come to be mine.
Only few more days stay
Then you're here - not away.

IN DEINEN ARMEN

In Deinen Armen lächelnd schweben
Von so viel Zärtlichkeit umgeben
Erfüllt von tausend Seelentränen
Ich brauch' es gar nicht erst erwähnen
dass Du mich glücklich machst, mein Herz.

In Dialoge einzutauchen,
Die Freude den Verstand zu brauchen
Gepaart mit Lust und Leidenschaft
Wie hast, mein Freund, Du nur geschafft,
dass ich vergesse allen Schmerz?

In Deinen Armen wach zu liegen
Und über Müdigkeit zu siegen
Weil jeder Augenblick zu wichtig
Weil Schlaf und Träume nur noch nichtig
Da das was ist nun überwiegt.

All Deinen Worten lustvoll lauschen,
Die meinen Intellekt berauschen
Dabei mit jedem Wort zu wissen
Dich will ich niemals mehr vermissen
Du hast mein schweres Herz besiegt.

Die Lust Erfüllung zu erfühlen
Dann wieder schwitzend abzukühlen
Dabei Geborgenheit und Lachen
Und all die wundervollen Sachen
Nach denen ich mich stets so sehnte.

Du streichelst mein Gesicht bei Nacht
Und unter Deinem Blick erwacht
Der zärtlich mich mit Glück bedeckt
Nie hat mich Schöneres geweckt.
Ich denke, dass ich es erwähnte.

Es gibt so vieles noch zu sagen
Es ist so traumhaft dies zu wagen
Und doch mit Sicherheit zu wissen
Dass zwischen Zärtlichkeit und Küssen
Kein Kummer mehr geschehen muss.

Ich glaube an ein Jetzt und Morgen
Vorbei die Zeit von Angst und Sorgen.
Zu wissen, dass mein ganzes Leben
Ist nun in Deine Hand gegeben.
Ich wusste es vom ersten Kuss.

So sitz' ich hier nun träumend schwebend,
So vielen Kummer überlebend,
Den tausend mal noch würd' ich leben,
Wenn Du am Ende mir gegeben
Denn alles ist nun so vollendet.

Ich gehe lächelnd durch die Tage
Und fühle keinen Grund zur Klage
Weil Schweres nicht erreichen kann
Was Du mir gibst, geliebter Mann.
Das Blatt hat völlig sich gewendet.

Ich liebe Dich mit allen Sinnen,
Bereit von vorne zu beginnen.
Geöffnet für das neue Glück
Nach vorne gehend, nicht zurück.
Du bist - das schreib ich in den Wind.

Für mich der größte Schatz im Leben
Du hast mir endlos viel gegeben
Ich werd' es in die Sterne schreiben
Und würde doch nie übertreiben
Das Wichtigste mit meinem Kind.

Du und mein Sohn, geliebter Mann
Der so viel Gutes wirken kann
Ihr seid für mich das größte Glück
Dies alles schenk' ich Dir zurück
Hab so viel Liebe Dir zu geben.

Ich schenke Dir mein ganzes Leben.

For my love

Being drunken from love
Being drained from intense
Feeling more and above
No more painful suspense

Feeling no more old pain
But a flood of emotions
Intellectual fame
And the love healing lotions.

Pure and deep is this love
More than humans can feel
Knowing more and above
That old wounds really heal.

After all up and down
In this difficult year
I feel totally drowned
From your love and your near.

From your care and your eyes
All those wonderful smiles.
Long I thought I will never
Think I may love forever.

But exactly I do
Beloved friend, I love you.
Cause what we two now found
Is an ancient true bound.

STAUNEN

Beim Betrachten dieser Sterne,

So weit oben in der Ferne,

Fühl' ich Dich, mein Herz, so nah.

Spüre Dich mit allen Sinnen.

Fühle Mut, neu zu beginnen.

Kann nicht glauben so viel Glück,

Höre Deines Namens Raunen

Fühle Dich mit so viel Staunen.

Denn die Liebe kam zurück.

Worth my Love

While developments push you around,

While matters occur, making your days so hard,

While you try your best to solve things by your own,

While you are so admirable strong,

While you take every day like it comes,

While you face your responsibilities,

While you fulfill your duties still trying to smile,

You show me day for day

That you are worth all my love.

ALL I WANTED

It was always my deepest wish,
To find someone I can not only accept
Not only respect,
But also look up to him.
While feeling equal and understood
The same time.

It was always my deepest dream,
To find a man with whom I can grow
Can share my thoughts
Can let myself fall.
While giving and taking is balanced
The same way.

It was always my secret longing,

To be understood for who I am,

To be valued for what I can.

To be loved

While listening and talking take in its turns

And feeling the same way.

It was always my urgent desire,

To be totally free

While feeling love.

To come away from old schemes.

While finally trying to start a healthy way

For both.

147

Watching Your Sleep

The burdens still printed into your mien,
But when you see me,
There is a smile
Brightening your face.

The exhaustion still burned inside your eyes
But while we talk,
I watch the change
Into relaxed tiredness.

When finally you give in
And close your eyes
I see your face gliding so soft
Into a peaceful mood.

So I am there with a smile
Watching your beloved face.
Watching your sleep.

Each Would Made me Happy

Alone to listen your words,
Alone to share our past,
Alone to lay at your side,
Alone to see your smile.

Alone to touch your skin,
Alone to feel your hands,
Alone to share our needs,
Alone to hear your voice.

Alone to watch your face,
Alone to have your near,
Alone to have your ear,
Alone to know you are here...

Each of this alone
Would made me happy
But with you I have all.

149